HABLAN DE
EL AMOR ES MAS IMPORTANTE

En los evangelios del Nuevo Testamento, Jesús presenta al amor como fin último de una vida moral. Pero, al igual que muchos estadounidenses, crecí en una tradición que le otorgó a la "verdad" coprimacía con el amor. Se nos dijo que debíamos asegurarnos de creer en lo correcto y que necesitábamos recordarles a quienes no acordaban con nosotros que estaban equivocados, equivocados, equivocados. Jared Byas ha llegado justo a tiempo con un libro poderoso para ayudarnos a desmantelar estas falsas construcciones y liberarnos para amar sin restricciones. Tal como enseñó Jesús. *El amor es más importante* es una lectura necesaria para quien alguna vez sintió que tuvo que hacer equilibrio entre estar en lo correcto y ser amoroso.

JONATHAN MERRITT, autor de *Learning to Speak God from Scratch* y colaborador galardonado de *The Atlantic*

Soy el tipo de persona a la cual el término *bíblico* le resulta de mucho peso. Pero también soy el tipo de persona a quien le importa los asuntos de fe, y anhelo una relación con Jesús que no me haga sentir como si fuese un soldado del imperio romano. Si eres como yo, encontrarás que *El amor es más importante* es una brisa fresca en un caluroso día de verano; te recordará por qué alguna vez te enamoraste de Jesús.

MIKE McHARGUE, autor éxito de ventas de *You're a Miracle (and a Pain in the Ass)* y *Finding God in the Waves*

En *El amor es más importante*, Jared Byas lleva la discusión del amor a los lugares difíciles de la vida. El sello del amor que encarna Jesús es indiscriminado, incondicional, sacrificial y persistente; es la clase de amor que llevan como atributo distintivo quienes siguen a Jesús. Jared pone sobre la mesa, donde pertenece, este llamado radical a amar y extrae sabiduría para ayudar a otros y otras a partir de sus propias dificultades con el amor a los demás. Este libro desafiará, increpará, inspirará, divertirá y dejará a los lectores y lectoras repensando en sus propias relaciones. Si leemos y llevamos a nuestro corazón este revolucionario llamado a amar, seremos más sanos y auténticos con Jesús, y el mundo será un mejor lugar para otras personas.

CAROLYN CUSTIS JAMES, autora de *Half the Church: Recapturing God's Global Vision for Women* y *Malestrom: Manhood Swept into the Currents of a Changing World*

¡Qué libro maravilloso! ¡Jared Byas emplea una cantidad de oraciones completas y puntuación, y está relativamente libre de errores tipográficos! También es bellamente provocativo. Jared aporta sus dotes filosóficos para romper con los clichés y demostrar que "decir la verdad en amor" es más profundo, más interesante y mucho más importante de lo que permiten nuestras trilladas nociones de "verdad". Una lectura obligada para las personas que deben involucrarse de verdad con otras y otros.

PETER ENNS, coanfitrión del podcast *The Bible for Normal People* y coautor de *Génesis para Gente Normal*

EL AMOR ES MÁS IMPORTANTE

POR QUÉ PELEAR POR TENER LA RAZÓN NOS IMPIDE AMAR COMO JESÚS

JARED BYAS

Copyright © 2020 by Jared Byas

El Amor es más Importante
Por qué pelear por tener la razón nos impide amar como Jesús
de Jared Byas, 2021, JUANUNO1 Ediciones.

Título de la obra original en inglés *"Love Matters More"*
This translation is published by arrangement with The Zondervan Corporation L.L.C, a division of HarperCollins Christian Publishing, Inc.
Esta traducción se publica por acuerdo con The Zondervan Corporation L.L.C, una división de HarperCollins Christian Publishing, Inc.

ALL RIGHTS RESERVED. | TODOS LOS DERECHOS RESERVADOS.
Published in the United States by JUANUNO1 Ediciones,
an imprint of the JuanUno1 Publishing House, LLC.
Publicado en los Estados Unidos por JUANUNO1 Ediciones,
un sello editorial de JuanUno1 Publishing House, LLC.
www.juanuno1.com

JUANUNO1 EDICIONES, logos and its open books colophon, are registered trademarks of JuanUno1 Publishing House, LLC.
JUANUNO1 EDICIONES, los logotipos y las terminaciones de los libros, son marcas registradas de JuanUno1 Publishing House, LLC.

Library of Congress Cataloging-in-Publication Data
Name: Byas, Jared, author
El amor es más importante : por qué pelear por tener la razón nos impide amar como jesús / Jared Byas.
Published: Miami : JUANUNO1 Ediciones, 2021
Identifiers: LCCN 2021942676
LC record available at https://lccn.loc.gov/2021942676

REL012120 RELIGION / Christian Living / Spiritual Growth
REL006420 RELIGION / Biblical Studies / Exegesis & Hermeneutics
REL067000 RELIGION / Christian Theology / General

Paperback ISBN 978-1-63753-014-6
Ebook ISBN 978-1-63753-015-3

Traducción *Ian Bilucich*
Corrector *Tomás Jara*
Créditos Portada *Equipo de Media y Redes JuanUno1 Publishing House*
Concepto diagramación interior & ebook *Ma. Gabriela Centurión*
Director de Publicaciones *Hernán Dalbes*

First Edition | Primera Edición
Miami, FL, USA.
Octubre 2021

*Para mi mamá, Anita,
que pone a las personas por sobre las ideas y suele
servir de ejemplo de cómo el amor y el perdón pueden
superar los desacuerdos*

CONTENIDO

1. Solo Dios sabe que es un elefante 11
2. La verdad está explotada y mal remunerada 33
3. Cuidado con enamorarse de las vacas 57
4. La verdad sin amor no es verdad 79
5. Si no te libera, no es verdad 101
6. La importancia de transformar el lino en mantel . . 113
7. El amor cambia la verdad 131
8. Hablar la verdad en amor 153
9. Dar nuestra opinión en amor 167
10. Una fe más auténtica 181
11. El amor es más importante 195

Agradecimientos 207
Notas 209

CAPÍTULO UNO

SOLO DIOS SABE QUE ES UN ELEFANTE

Este libro es para quien alguna vez sintió que tenía que elegir entre la verdad y el amor. Es para toda aquella persona cuyo corazón le ha dicho que el camino de Jesús es salir en defensa de las *personas*, pero se le enseñó que ser fiel a Jesús es salir en defensa de la *verdad*.

El pastor Richard se levantó de su silla y comenzó a dar vueltas por la oficina. "Muchachos, ¿entienden que lo que ustedes hicieron el domingo fue poner una piedra de tropiezo en el camino de la salvación de una persona?". Nos estaba hablando a mí y a mi amigo John. Éramos niños de diez años. Nos aseguró que nos estaba "diciendo la verdad en amor", porque eso es lo que Dios quiere que hagamos los cristianos.

Para quienes nunca fueron enviados a la oficina del pastor, es como ir a la oficina del director, excepto que, en lugar de ponerte en detención, este tipo podía enviarte al infierno por toda la eternidad. Cuando mi madre me dijo que el pastor Richard quería hablarnos, me preocupé. No sabía cuál era el motivo.

Visualiza una pequeña iglesia Bautista del Sur en los años ochenta. Hay filas y filas de bancos de madera con cojines rojos, que dan comezón, del mismo tono y textura que la alfombra del suelo. El domingo a la mañana en cuestión, me había sentado contra el respaldo recto y duro de uno de los bancos, pensando que el diseñador probablemente sabía que las personas que se sentaran allí necesitarían ayuda para mantenerse despiertas. A mi lado estaba mi mejor amigo, John, a quien arrastraba a la iglesia casi todas las semanas, incluso cuando su familia no se congregaba.

Estábamos a unas cinco filas del frente, en el lado izquierdo, justo al lado del "tablero de puntuación" de madera que se cambiaba cada semana y que nos mostraba cuántas personas asistían y cuánto dinero habíamos dado. Había comenzado la música de piano y el pastor Richard acababa de decir, en su tono profundo y serio, "Todos con los ojos cerrados y las cabezas inclinadas...". Y luego, sucedió.

John y yo nos paramos y fuimos caminando sigilosamente por la puerta lateral hacia el baño.

Ahora no recuerdo si fue porque realmente *tenía* que ir al baño o si tan solo estábamos aburridos. Para ser honesto, es difícil notar la diferencia cuando tienes diez años –"Si sientes algo en particular en este momento, esta es la oportunidad para reconocer que eres pecador y pedirle a Jesús que entre en tu corazón". Esa parte ya la tenía en mi haber; a esa altura ya le había pedido a Jesús que entrara a mi corazón por lo menos unas cinco veces. Así que me pareció razonable; todos con sus cabezas inclinadas y los ojos cerrados: era un buen momento para entrar en acción.

Unos días después, aprendí sobre los llamados al altar. No mucho después de eso, John y yo estábamos sentados en el sofá de la oficina del pastor Richard.

"Muchachos, quiero que sepan que no están en problemas –empezó diciendo el pastor–. Pero quiero compartirles algo porque ustedes me importan". Acto seguido, prosiguió a avergonzarnos por pararnos durante el servicio luego del llamado del altar. Resultó ser que, probablemente, habíamos causado que algunas almas se enfrentaran a la condenación eterna gracias a la distracción que les generamos al levantarnos para ir al baño justo en el momento de la Oración del Pecador. Incluso a los diez años, me tomaba mi fe muy seriamente. Fue devastador escuchar al pastor decirme que podría haber causado que alguien fuera al infierno por pararme para ir al baño. Nunca me había sentido amado por el pastor Richard, ni antes ni después, pero de seguro me sentía juzgado y avergonzado.

Este es mi primer recuerdo de un cristiano tratando de amarme cuando claramente había pasado mucho más tiempo aprendiendo *qué* creer en lugar de *cómo* creer. Toda mi vida escuché que el cristianismo es *amor*, pero lo que vi –en nuestras actividades, servicios e interacciones– es que el cristianismo son *creencias*. He llegado a darme cuenta de que el miedo a estar equivocados sobre nuestras creencias no ha dejado margen para el claro mensaje de la vida y muerte de Jesús –el énfasis inconfundible en la Biblia y en los miles de años de tradición eclesiástica–: *el amor es más importante*.

EL AMOR SE SIENTE COMO AMOR

Cuando era pastor, llevaba adelante una clase semanal para ateos llamada "Solo Para Escépticos". Funcionaba durante el servicio las semanas que no predicaba (yo era uno de los cinco pastores de enseñanza). Era un lugar para que fueran los no creyentes cuando acompañaban a su cónyuge y/o familia que quería asistir a la iglesia, pero no deseaban sentarse en el servicio y deformar su rostro de tantas muecas de fastidio. Eran diez encuentros, una vez por semana, donde recorríamos todas las objeciones comunes al cristianismo y hablábamos de ellas. Nuestra meta era tan solo ayudar a que las personas vieran que podían ser ateos y expresar sus dudas sobre la iglesia, y Dios no los fulminaría. Fue un éxito. Por muchos años, no tuvimos ningún fulminado.

Una vez, una mujer llamada Carol vino a nuestra primera sesión, y a la media hora se puso a llorar. Comenzamos la clase compartiendo los motivos que nos traían al encuentro. La mayoría dijo que era porque no creían y esperaban tener un lugar donde poder hablar y evitar la reunión. Pero Carol no. No podía contestar la pregunta porque no estaba realmente segura de por qué estaba allí. Dijo que creía ser cristiana. Había sido cristiana toda su vida. Pero últimamente tenía preguntas sobre la evolución, la homosexualidad, y sobre por qué a las personas buenas les sucedían cosas malas. Y su familia, en un esfuerzo por "hablar la verdad en amor", le dijo que probablemente ya no era cristiana y que debería asistir a la clase para que la enderezaran. Fue arrojada a un periodo de dudar de sí misma. Estaba devastada.

Su familia pensó que estaba haciendo lo correcto. Se les había enseñado que, siendo que las personas van al infierno por creer en lo incorrecto, lo más amoroso que podían hacer para ayudar a Carol era indicarle en qué se estaba equivocando y luego proveerle la lista de cosas correctas en que creer.

Hay dos problemas con esto. Primero, La Biblia no dice que las personas van al infierno por no creer en lo correcto. La idea de que cuando muramos vamos a sentarnos y recibir un lápiz para completar el "SAT[a] celestial" es completamente ajena a la Biblia. Si es que Jesús habla sobre el castigo, este se encuentra reservado para las personas religiosas que juzgan (Mateo 7:1), las personas religiosas que fuerzan a otras a obedecer un montón de reglas (Mateo 23:7), o las personas religiosas que dicen lo que es correcto pero no acuden cuando otras las necesitan (Mateo 25). En segundo lugar, decirles a las personas lo que opinas sobre sus

---

a. El SAT es un examen estandarizado que se usa extensamente para la admisión universitaria en Estados Unidos. (N. del T.)

creencias no es lo más amoroso que puedes hacer. En una lista de las cosas más amorosas que puedes hacer por otro ser humano, colmarlas con tus opiniones iluminadas probablemente está en el puesto 138, justo después de re-regalarles un obsequio que recibiste y no te gustó, pero que te has convencido de que les encantará.

El "despliegue de verdades" recibido por mi amiga Carol no se sintió como amor. Hay una palabra para cuando las personas te están diciendo que te aman mientras que lo que experimentas en realidad es solo dolor y soledad: abuso. Y hacerlo en el nombre de la verdad no cambia ese hecho.

Las conversaciones honestas sobre cómo experimentamos a las personas o cómo nos sentimos por los demás pueden ser una parte importante, incluso crucial, del amor. Pero algo me huele muy mal cuando escucho a personas que me cuentan una historia tras otra sobre cómo fueron lastimadas por otros que "solo les están diciendo la verdad en amor".

En mis dos historias anteriores, las intenciones de las personas eran buenas. El pastor Richard quería que John y yo supiéramos cuán importante es que las personas vayan a Jesús. La familia de Carol quería asegurarse de que ella fuera al cielo junto con ellos. La mayoría de las veces, la gente realmente cree que está diciendo la verdad en amor. Pero hay un sistema roto en funcionamiento. Muy a menudo, pensamos que estamos siendo amorosos cuando no lo somos. Y una de las causas de este sistema roto es que hemos entendido mal la relación entre la verdad y el amor.

¿A qué se refieren con *amor* cuando las personas comparten algo que hiere a la persona que tienen parada enfrente? ¿A qué se refieren con *verdad* cuando hay tantas opiniones sobre lo que quiere decir *ser cristiano*?

Si no somos capaces de dar mejores respuestas que las que están circulando por estos días, ni logramos dar con mejores formas de comportarnos con otros seres humanos que no piensan exactamente como nosotros y nosotras, podemos esperar ver incluso a más personas (y con justa razón) huir o, más exactamente, alejarse cojeando de la fe cristiana.

Si bien el impulso a decir la verdad en amor a menudo surge de un deseo de ayudar a que las personas eviten ciertos errores que a la larga pueden lastimarlas, con frecuencia, nuestro relato agrega control, incomodidad y miedo a la mezcla, y el impulso termina desviándose por completo. La intención puede ser buena, pero puede convertirse fácilmente en una forma engañosa de decirle a la gente por qué están equivocadas sobre sus vidas, para así sentirnos más seguros sobre nuestros propios posicionamientos y sentirnos bien sobre nuestra propia integridad moral ante Dios.

Para resolver esto, necesitamos empezar por la idea de *verdad absoluta* –la idea de que podemos saber con certeza todo lo que hay que saber sobre el mundo. Necesitamos crear una nueva visión para la vida cristiana; una que no esté construida en la seguridad y la certeza de nuestras opiniones sino en el riesgo y la incertidumbre del amor. Necesitamos empezar allí.

SOLO DIOS SABE QUE ES UN ELEFANTE

Hay una historia antigua que trata sobre tres hombres ciegos que viajan juntos, y cada uno de ellos se topa con un objeto casi al mismo tiempo. Uno choca contra algo que se siente ancho y redondo, como el tronco de un árbol, entonces anuncia al resto: "Es el tronco de un árbol; sigamos". El segundo ciego da otro paso y se golpea en la cara con algo flaco, con un pequeño mechón al final. "No es un tronco de árbol –dice–; es una cuerda". El tercer ciego, queriendo arreglar las cosas de una vez por todas, extiende su mano y siente algo muy duro, ancho, alto y plano. "¿De qué están hablando ustedes? Necesitan que un doctor les revise las manos cuando regresemos al pueblo. No es una cuerda o el tronco de un árbol; claramente, es tan solo una pared".[1]

Hay algunas cosas buenas sobre la historia, incluyendo su moraleja. El punto es que deberíamos ser humildes sobre lo que sabemos. Después de todo, todos estamos un poco ciegos. Puede que todos estemos experimentando lo mismo, pero desde un ángulo diferente, con diferentes perspectivas. Como ser humano limitado, en un lugar y momento en particular, sé que me resulta difícil conocer la verdad de la historia. Esta será una lección importante para recordar a lo largo de este libro.

Sin embargo, el relato tiene algunos problemas. Por ejemplo, ¿por qué hay tres hombres ciegos caminando en un lugar donde podrían toparse con un elefante? ¿En qué clase de pueblo sociópata viven, que tres ciegos pueden deambular juntos por una selva? ¡Que alguien los acompañe, por el amor de Dios! Pero dejemos eso para otra ocasión. Tengo otra mosca en la sopa de esta historia.

El remate asume que la persona que cuenta la historia –y nosotros, lectores y lectoras– ¡sabemos que es un elefante!

La intención de todo esto es ponernos en la posición de un hombre ciego y, aun así, llegado el final, el ímpetu del argumento gira en torno a que asintamos y digamos: "Ya veo. Eran la pierna, la cola y el cuerpo. Esos tipos tenían sus limitaciones, pero nosotros pudimos ver el panorama completo". Sin embargo, si fuésemos los ciegos, nunca sabríamos que es un elefante, pues solo pudimos experimentar una parte del todo. ¿Y si en la vida real ninguno de nosotros y nosotras sabe que es un elefante?

EL UMWELT

Hablando de animales salvajes, ¿sabías que la frecuencia más alta grabada por Mariah Carey es de 3135 hercios, registrada en su hit "Emotions", en 1991? Tenme paciencia. Prometo que esto tiene una conexión. Un delfín es capaz de oír frecuencias que alcanzan un máximo de alrededor 150 000 hercios. Eso quiere decir que puede escuchar miles de sonidos que nosotros no. ¿Sabías que los halcones pueden ver un ratón desde una altura de 4500 metros? Permíteme reformularlo para que tenga efecto: un pájaro del tamaño de una sandía puede detectar un roedor del tamaño de un limón desde casi *cuatro kilómetros y medio de distancia.*

¿Por qué te cuento estas cosas? Primero, porque quería transmitir la alegría que siento todos los días cuando llego a casa con cuatro niños que gritan uno encima del otro para contarme sus últimos datos sobre animales. De nada. Pero, aún más importante, estos hechos nos ayudan a entender al mundo y nuestro lugar en él.

Debido a cómo están construidos sus cuerpos, todos estos animales ven, escuchan, y sienten el mundo de maneras muy diferentes. La manera en que el halcón experimenta el mundo siempre será diferente del modo en que lo hace el delfín. Puede ver cosas que el delfín nunca será capaz de ver. El delfín podrá escuchar cosas que el halcón jamás podrá. Y eso es verdad para casi todos los animales. De hecho, esto es tan común, que los científicos han dado con una palabra para ayudar a describirlo: *umwelt.*

Las personas que estudian el comportamiento animal –los etólogos– acuñaron el término para describir al mundo experimentado por un organismo particular. El mundo visto, escuchado y sentido por un halcón es su *umwelt*, y el mundo experimentado por un delfín es su *umwelt*. En otras palabras, está el mundo *tal y como existe realmente* (que podríamos llamar realidad), y está el mundo *tal y como algo o alguien lo experimenta* (que podríamos llamar *umwelt*).

Y los etólogos nos dicen que estos dos no son lo mismo. En otras palabras, existe una superposición significativa entre el mundo que los delfines experimentan y el mundo que los halcones experimentan, pero también existe una diferenciación significativa. Y ninguno de ellos experimenta completamente al mundo *tal y como existe realmente*. Siempre están limitados. Al igual que el hombre ciego que solo podía sentir la cola del elefante, el delfín solo experimentará la realidad a través de su *umwelt*.

Creo que es bastante obvio que lo mismo aplica para los humanos. Además de que nuestros cuerpos tienen otra complexión, tenemos diferentes culturas, personalidades, experiencias e incluso lenguajes. Experimentamos esto en carne propia en el 2015 con "El vestido",[2] y luego de nuevo en el 2018 con "Yanny o Laurel".[3] (Si no pasas una infinidad de horas en internet como algunos de los más sofisticados de nosotros, tómate un minuto para ir a Google y busca estos dos fenómenos culturales antes de seguir con el libro). Muchos de nosotros vio la realidad de azul, mientras que muchas otras la vimos dorada. Muchas de nosotras escuchamos Yanny, mientras que muchos otros escuchamos Laurel.

Estamos limitados por nuestros sentidos de muchas maneras. Y nuestras limitaciones hacen que todas las personas exploremos el mundo de manera diferente. Mi nariz no funciona del todo igual a la de mi vecino. Cuando él huele regaliz, huele rico; cuando yo huelo regaliz, huele horrible. Mis oídos no funcionan del todo igual a los de mi esposa. Cuando escucho a un hijo de cuatro años a las 2 a. m. gritarme porque su almohada se cayó de la cama por tercera vez, mi esposa no escucha nada. Ni siquiera un zumbido. *Dios no permita que estires la mano desde la cama y levantes tu propia almohada que está medio metro debajo de ti. Preferiría despertarme y caminar los dos tramos de escaleras y treinta metros para alcanzártela.*

Pero no son solo nuestros sentidos los que limitan cuánto del mundo podemos experimentar; también es nuestra ignorancia. Piensa en cuántas cosas no sabíamos cuando teníamos siete años. Y cuántas otras no sabíamos cuando teníamos dieciocho. Y treinta. Y dentro de diez años, sin importar qué edad tengas ahora, nuestro yo del futuro probablemente recordará cuánto no sabíamos hace diez años.

Se me recordó esto mismo el año pasado, cuando les dije a mis hijos que iría a Londres a hablar en una conferencia. "¿Vas a visitar a Harry Potter?", me preguntó con genuina esperanza mi hija de seis años. Para una niña de esa edad, probablemente solo hay unos cientos de personas viviendo en el mundo: amigos, familia y las que ve en la TV.

El mundo de mis hijos ocupa un lugar más pequeño que el mío. Y el mundo que ocupo es más pequeño que el mundo entero. Conforme envejecemos, nuestro mundo se expande. Nos damos cuenta de que podemos ser más que solo enfermeros o bomberos. Entendemos que las celebridades son difíciles de alcanzar y que hay más de un puñado de actores que esperan hacer la siguiente película.

Toda vez que aprendemos algo nuevo, esencialmente estamos diciendo *Mi mundo se hizo un poco más grande y se alineó un poco más con la realidad*. Y ya que creo que todos y todas coincidimos en que nunca aprenderemos todo lo que hay para saber sobre el mundo, cada vez que aprendes algo nuevo, estás admitiendo que *tu mundo*, el mundo tal y como lo experimentas, es más pequeño que *el mundo tal y como realmente es*.

Estás admitiendo que tienes un *umwelt*, una forma en particular para experimentar el mundo. Y al igual que el mundo del niño se expande mientras crece, y así como el mundo de los ciegos se expandió, también nuestro mundo se expande a medida que aprendemos más y más sobre él.

Y ese es el problema real. Todos y todas tenemos nuestro propio *umwelt*. ¿Cómo sabemos cuando estamos en lo cierto sobre el mundo? ¿Cómo sabemos cuándo nuestro *umwelt* se corresponde con la *realidad* y cuándo estamos equivocados? Ya admitimos que somos ignorantes y que aprendemos cosas nuevas todos los días. Todos y todas tenemos momentos en los que sentimos la trompa del elefante y realmente creemos que es el tronco de un árbol.

CISNES Y LA VERDAD ABSOLUTA

Para profundizar aún más este argumento, te presento al poeta romano Juvenal. Escribió una colección popular de poemas satíricos a principios del siglo II (en algún periodo entre los años 100 y 127 e. c). Tiene una línea encantadora en "Sátira VI: Las mujeres":

> Mas ¿ni una sola habrá que te contente
> entre tantas?
> Sea rica, continente,
> fecunda, de belleza peregrina;
> viejos abuelos en el atrio ostente,
> y más que una sabina
> de aquellas que la tea
> de una guerra cruelísima apagaron,
> esparcido el cabello, casta sea.
> (Ave rara en la tierra, semejante
> a negro cisne). ¿Habrá algún hombre, empero,
> Que a mujer tan intachable aguante?".[4]

En caso de que no hayas entendido, déjame resumirlo: "Una mujer bella, encantadora, rica, virgen y que dará muchos hijos? Imposible. ¿O no? E incluso si existiera ¿Su presencia no sería insoportable? ¿O no? ¡Qué gracioso soy!".

¡Que alguien le consiga a este hombre algo de bell hooks[b] de inmediato!

En este poema, tenemos la primera versión escrita de un dicho popular: "*Rara avis in terris nigroque simillima cygno*", o en español, "un ave rara en la tierra, y muy parecida a un cisne negro".

Esta frase, o su versión acortada, se volvió muy popular en la Europa medieval para hablar de algo imposible. Es similar a algunos dichos nuestros, como "cuando los cerdos vuelen" o "demasiado bueno para ser cierto". En otras palabras, es algo que no sucederá. ¿Por qué esta frase representa una imposibilidad? Bueno, en ese entonces era de público conocimiento que todos los cisnes eran blancos. Después de todo, los registros históricos indicaban que estas aves eran blancas, y todos los cisnes observables en Europa eran de ese color.

Luego, en un fatídico día de 1697 para Willem de Vlamingh, un explorador holandés que recorría Australia occidental, lo imposible se volvió real. Él y su tripulación observaron cisnes negros por primera vez. En 1726, dos de estas aves fueron capturadas y llevadas a Europa como prueba.[5]

Durante mil cuatrocientos años, "todos sabían" que los cisnes eran blancos y solo blancos. Estaba científicamente documentado y tan profundamente enraizado en la cultura popular, que servía como frase común para hablar sobre lo imposible. Lo que se pensaba como conocimiento incuestionable se volvió falso e irrelevante de un momento a otro.

En ese momento, quienes vieron a estos cisnes negros

---

b. Escrito así con minúsculas, es como se conoce a Gloria Jean Watkins, una escritora, feminista y activista social estadounidense.

expandieron súbitamente su *umwelt*. En un instante, el mundo tal y como lo conocían cambió de un mundo donde los cines negros eran imposibles a un mundo donde los cisnes negros no solo eran posibles, sino que estaban frente a ellos. No importa cuánto expandamos nuestra experiencia del mundo, nunca sabremos todo. Siempre habrá más cisnes negros.[6]

Entonces, ¿por qué acabo de exhibirte esta arca de Noé de historias de animales? Parece simple, pero es muy importante que entendamos nuestras limitaciones. En otras palabras, *no somos capaces de captar la verdad absoluta o la realidad tal cual es*. Con todo, en ciertas partes del cristianismo hemos transformado a la verdad absoluta en un ídolo, y Dios ha sido reemplazado por ella. Estamos profundamente asustados de las implicaciones de que como humanos no tengamos acceso a la verdad absoluta. Y ese miedo se manifiesta de formas hirientes.

Por cierto, he aquí lo que significa no tener acceso a la verdad absoluta: dado que solo podemos ver nuestra porción del mundo, no podemos confiar únicamente en nuestras propias opiniones, sino que debemos ser humildes y confiar en los y las demás, incluyendo a Dios, para una comprensión más completa de la realidad. ¡Escondan a sus hijos! ¡Oh, el horror!

En todas mis travesías con paganos y ateos, nunca he escuchado a nadie negar que hay una verdad absoluta; es solo que los humanos, desde el episodio de la torre de Babel, han estado demasiado ciegos de orgullo y miedo para ver cuán poco acceso tenemos a ella. Y ese mismo miedo y orgullo que se infiltró hacia dentro del cristianismo es lo que ha convertido en un arma al estímulo de Pablo de "hablar la verdad con amor" (ver Efesios 4:15).

Si no resolvemos la adicción cultural del cristianismo a la "verdad", puede que nos perdamos totalmente qué significa amar a otras personas verdaderamente. Como dijo el filósofo Brand Blanshard en el año 1939: "Si solo podemos conocer un hecho a través de nuestras propias ideas, lo original siempre se nos escapa". Esto es decir *"quizás solo Dios sabe que es un elefante"*.

Es así. Realmente no es tan controversial.

Entonces, ¿por qué las personas idolatramos la verdad absoluta? ¿Por qué nos afligimos tanto cuando se la cuestiona?

EL HOMBRE DE LA BOLSA POSMODERNO

De niños, todos hemos temido a esos hombres de la bolsa de los que nuestros padres, y sus predicadores y maestros, nos advirtieron. En los cincuenta eran el comunismo y el *rock and roll*. En los ochenta eran, bueno, seguían siendo el comunismo y el *rock and roll*, supongo. En mi tradición cristiana había muchos hombres de la bolsa (Harry Potter, los Power Rangers, la música rap, y las películas con contenido para adultos, solo por nombrar algunos). Debía evitarlos a toda costa, no fuese cosa que el Diablo los usara para tentarme a que me alejara de la fe.

Otro hombre de la bolsa que estaba en la lista negra en mi tradición era un modo de pensar llamado posmodernismo. Esto es lo que me enseñaron sobre los posmodernos (quienes, por cierto, odiaban ese término):

- Odian a Dios. [Narrador: no, no lo odian]
- Quieren acabar con la verdad absoluta para poder salirse con la suya y hacer lo que sea que sus pequeñas mentes moralmente depravadas quieran hacer. [Narrador: no, no quieren eso]
- Si estás de acuerdo con ellos, es porque tan solo te importa ser aceptado por la cultura en lugar de luchar contra ella como un buen cristiano.

El libro *The Truth War: Fighting for Certainty in an Age of*

Deception, de John MacArthur (2007) es un buen ejemplo de esta línea de pensamiento.

Pero eso no verdad en absoluto. Así como J. Walter Weatherman, el hombre con un solo brazo de *Arrested Development*, no había ningún hombre de la bolsa posmoderno; fue una ficción inventada para asustar a jóvenes impresionables como yo, a fin de que respetaran las reglas del grupo.

Todo lo que esos escritores estaban diciendo es que, a menos que seas Dios, no sabes si es un elefante. A menos que seas Dios, no tienes acceso a la verdad absoluta. Solo la podemos ver a través de nuestros lentes. Algunos de ellos agregaron que intentar ser Dios y tener la verdad absoluta es bastante peligroso para los demás y para el medio ambiente.

Hay algo irónico en todo esto. Si bien los predicadores y autores como MacArthur nos dicen que los hombres de la bolsa posmodernistas son arrogantes y orgullosos, ya que sienten que simplemente pueden descartar la verdad absoluta de la Biblia, yo he experimentado lo contrario. Es interesante notar algo: quienes creen que podemos acceder a la verdad absoluta también son, casi siempre, quienes creen poseerla.

Solo tenemos nuestro *umwelt*. A medida que crecemos, nuestro *umwelt* se acerca cada vez más a la *realidad;* pero, debido al lugar donde crecimos, nuestras personalidades y cómo se construyen nuestros cuerpos, todos tenemos filtros a través de los cuales vemos el mundo. Y nunca podremos quitárnoslos, porque somos humanos.

EL CISNE NEGRO DE SAN PABLO

Pablo, este amado apóstol que asumimos lo sabía todo, nos dijo sin tapujos que no tenía acceso a la verdad absoluta. Él escribió: "Porque ahora vemos por un espejo, veladamente, pero entonces *veremos* cara a cara; ahora conozco en parte, pero entonces conoceré plenamente, como he sido conocido" (1 Corintios 13:12, LBLA).

Sin embargo, Pablo no siempre fue tan posmoderno y relativista. Él solía tener certeza sobre lo que creía. En Filipenses 3:46, describió cómo conocía intelectualmente su teología mejor que nadie; emocionalmente, era más celoso de la fe que cualquier otro; y, moralmente, era impecable.

Lo tenía todo resuelto. La verdad era lo más importante. Estar en lo correcto era lo que más le importaba. Y, como sucede a menudo cuando las personas sienten que ya saben todo de Dios, cuando creen que lo más importante es lograr que la gente entienda la verdad, Pablo usó la violencia para ayudar a convencer a la gente de que tenía razón, como vemos al final de Hechos 7 y en los primeros versículos de Hechos 8. Él aprobó una ejecución pública y luego fue de casa en casa y arrastró a prisión a las personas que creían algo diferente.

Luego, se encontró con su cisne negro. Había tenido una experiencia que expandió su *umwelt* y cambió todo lo que pensaba que conocía sobre Dios. Hechos 9 cuenta la historia:

> Mientras tanto, Saulo, respirando aún amenazas de muerte contra los discípulos del Señor, se presentó al sumo sacerdote y le pidió cartas de extradición para las sinagogas de Damasco. Tenía la intención de encontrar y llevarse presos a Jerusalén a todos los que pertenecieran al Camino, fueran hombres o mujeres. En el viaje sucedió que, al acercarse a Damasco, una luz del cielo relampagueó de repente a su alrededor. Él cayó al suelo y oyó una voz que le decía:
> —Saulo, Saulo, ¿por qué me persigues?
> — ¿Quién eres, Señor? —preguntó.
> —Yo soy Jesús, a quien tú persigues —le contestó la

voz—. Levántate y entra en la ciudad, que allí se te dirá lo que tienes que hacer.

Hechos 9:1-6

Su cisne negro modificó tan radicalmente su perspectiva de cómo era el mundo, que cambió de nombre, renunció al estatus de la iglesia de sus días y terminó entregando su vida por algo que, solo unos años antes, no creía.

Pablo estaba arriesgando la vida de otras personas por el hecho de que él tenía razón y otros estaban equivocados. Y luego Jesús apareció y cambió todo. Es este Pablo el que nos recuerda que podemos ver la realidad, pero siempre veladamente y siempre en parte. Es este Pablo quien termina su carta a los romanos con una doxología al misterio de lo divino. Pasa once capítulos tratando de descifrar cómo funciona toda la cuestión de Jesús con Israel y no llega a ninguna conclusión. Pero más que entrar en desesperación por no poder obtener todos los detalles correctamente, estalla en una canción:

> ¡Qué profundas son las riquezas
> de la sabiduría y del conocimiento de Dios!
> ¡Qué indescifrables sus juicios
> e impenetrables sus caminos!
> "¿Quién ha conocido la mente del Señor,
> o quién ha sido su consejero?".
> "¿Quién le ha dado primero a Dios,
> para que luego Dios le pague?".
> Porque todas las cosas proceden de él,
> y existen por él y para él.
> ¡A él sea la gloria por siempre! Amén.
>
> *Romanos 11:33-36*

Al seguir este ejemplo de Pablo, me doy cuenta de que hay suficiente verdad para guiarnos pero no como para pensar que ya no quedan sorpresas.

Muchos cristianos y cristianas en este punto dirán: "¿Qué hay acerca de la Biblia? ¿Nos da acceso a la verdad absoluta?". Y a eso le decimos *no*. Recuerda: la verdad absoluta es llegar a conocer todo lo que hay que saber sobre el mundo. Con Biblia o sin Biblia –lo siento, cariño–, jamás sucederá, porque tienes un cerebro pequeño. No tú personalmente, claro. La frustración que sientes ahora es porque finalmente reconoces tus limitaciones como ser humano. Quizás en el futuro seremos capaces de construirnos alas para volar y cerebros que sepan todo lo que hay para saber en el mundo. Pero hasta que eso suceda, no tenemos acceso a la verdad absoluta.

¿Ahora entiendes mi queja sobre la historia de los hombres ciegos y el elefante? Al final, la única manera real de saber con cien por ciento de certeza que nuestro *umwelt* coincide con la *realidad* es conocer todo lo que hay para saber en el mundo. No sabemos cuándo aparecerá el próximo Copérnico o Einstein para mostrarnos que hemos estado equivocados en nuestra concepción de cómo funciona el mundo. O quizás nuestra historia será más como la de Pablo. Su cisne negro no era Copérnico, sino Jesús. Una persona que Pablo afirmaba que estaba esparciendo herejías religiosas apareció después de su muerte y le preguntó "¿Por qué me persigues?". Y lo obligó a repensar todo.

La fe es esto. No es la certeza en lo *que sabemos*; es confianza en *quien* conocemos. Si tuviéramos la verdad absoluta, no necesitaríamos tener fe en Dios. De hecho, seríamos Dios.

LA FE NO ES LA CERTEZA EN LO QUE SABEMOS; ES CONFIANZA EN QUIEN CONOCEMOS.

VINO TINTO "JONATHAN EDWARDS" Y UNA PIZCA DE HUMILDAD

Algo que me ayudó en este viaje fue reconocer que la certeza es un sentimiento. A menudo, estamos en algún lugar del espectro de sentimientos: desde sentirnos absolutamente seguros hasta absolutamente inseguros. Estos sentimientos están influenciados por nuestras interacciones con el mundo de todos los días. Sin embargo, al final del día, nuestra vida emocional no es lo mismo que la realidad. Hemos visto una y otra vez que en cualquier momento puede aparecer un cisne negro y disrumpir todo lo que creíamos saber.

En 2006, al comienzo de mis estudios en el seminario, me invitaron a un simposio. *Simposio* es la palabra elegante para "reunión" que usan las personas inteligentes cuando quieren sonar pretenciosas. Funciona. La próxima vez que veas a tus amigos o amigas, diles que irás a un simposio educacional y míralos adular tu enorme cerebro.

Este simposio era sobre la certeza, y básicamente era una sala llena de presbiterianos que discutían, con idas y vueltas, si podíamos estar seguros de nuestras creencias en Dios o en la Biblia. Luego de algunas horas y una docena de vasos de vino "Jonathan Edwards" (sí, existe), había dos bandos definidos: quienes consideraban que podíamos tener *certeza* y quienes consideraban que solo podíamos tener *confianza*.

Para explicar la diferencia, retrocedamos un paso.

¿Alguna vez has sentido certeza sobre algo pero luego resultó ser que estabas equivocado? Si crees que nunca te sucedió, cierra este libro y pregúntale a tu pareja. Estoy seguro de que te ayudará a ejercitar la memoria.

Has notado que usé las palabras "sentir certeza". Piensa en esto. La certeza y la confianza, en realidad, son sentimientos. Como tu pareja puede atestiguar, que *sientas* certeza no quiere decir que tengas razón. Así que, esencialmente, incluso en los momentos cuando más sentimos estar en lo correcto, podemos estar totalmente equivocados.

No te preocupes. No es que estés roto; simplemente eres humano.

Podemos tener incertidumbre y, aun así, creer en todo tipo de cosas. Las creencias no requieren certeza, solo confianza. Yo creo todo tipo de cosas de las que no tengo certeza. Incluso actúo de manera crítica según mis creencias inciertas todos los días. Por ejemplo, creo que no voy a morir en un accidente de autos mañana. Ahora, no tengo certezas sobre esta creencia. Al fin y al cabo, esto bien podría suceder. Pero mi comportamiento se basará en esa creencia mañana cuando conduzca al trabajo.

Lo mismo es verdad sobre nuestras creencias en Dios o en la Biblia.

¿Honestamente? Solo requiere tres simples palabras: "Podría estar equivocado".

Dilo conmigo: "Creo en esto. Pero podría estar equivocado".

Para puntos extra, también repite esto después de mí: "¿Crees en algo distinto de lo que yo creo? Entonces, no debes ser cristiano". Solo bromeo. Ahora, vamos en serio, repite después de mí: "¿Crees en algo distinto de lo que yo creo? Tomémonos un café, así me ayudas a comprender mejor cómo llegaste a tomar esa posición".

Y, honestamente, ese es el corazón de mi historia. Pasé de estar aterrorizado por la posibilidad de no tener la razón a decir: "Podría estar equivocado". No creo que por eso esté vendiendo mi alma a la "cultura posmoderna". Creo (pero no estoy seguro) que se llama "aprender a ser humilde".

Si sientes que posees la verdad absoluta, entonces este libro no es para ti. A menos que seas Dios. Entonces, por lo que más quieras, sigue leyendo. (Y, si no estás muy ocupado, apreciaría una copia firmada y una reseña en Amazon). Pero si ese no es el caso, entonces este viaje de verdad y amor debe comenzar y terminar con la voluntad de admitir que podríamos estar equivocados. O inseguros. O errados sobre lo que realmente dice la Biblia acerca de la verdad.

Para deshacernos del peso que a menudo sentimos cuando le "decimos la verdad con amor a la gente", será necesario que nos demos cuenta de que nuestra opinión no es lo mismo que la verdad. Si no estoy dispuesto a darme cuenta de que "podría estar equivocado" sobre mis creencias, entonces no puedo esperar que otros no se sientan juzgados por mis opiniones. Sin humildad, no puede haber amor. Y Pablo dice que sin amor, incluso si hablamos el idioma de los ángeles (que presumiblemente entienden mejor las cosas que nosotros), solo soy un platillo que hace ruido (1 Corintios 13:1). En otras palabras, siempre que decimos la verdad sin amor es puro ruido molesto, porque el amor es más importante.

CAPÍTULO DOS

LA VERDAD ESTA EXPLOTADA Y MAL REMUNERADA

Dado que no tenemos acceso a la verdad absoluta (solo Dios lo tiene), supongo que sabrás el nivel de barbarie que viviremos en nuestra cultura. No habrá moral alguna; hemos arribado a la era del anticristo; y pronto, en las esquinas habrá más orgías sexuales que farmacias y tus hijos consumirán marihuana antes de los diez años. Básicamente, tan solo mira *Mad Max: Furia en el camino* para darte una idea de donde acabará todo ahora que nos damos cuenta de que no tenemos acceso a la verdad absoluta.

Oh, espera, eso es justo lo que me dijeron que iba a suceder.

¿Es verdad que si no tenemos acceso a la verdad absoluta flotamos sin esperanzas en un mundo de relativismo moral donde nada está bien o mal y todo da lo mismo? No. Incluso Richard Rorty, el más temible de los paganos posmodernos sobre los que tu pastor te ha advertido, piensa que el relativismo del "todo vale" es ridículo. Dice: "El 'relativismo' es el punto de vista que predica que toda creencia sobre cierto tópico, o quizás sobre *cualquier* tópico, es tan buena como cualquier otra. Nadie sostiene este posicionamiento… Si hubiera relativistas, serían fáciles de refutar, por supuesto".[1]

El relativismo, la idea de que el mal y el bien dependen del individuo, suena a invento de algún perfeccionista. Todos tenemos a estos perfeccionistas en nuestras vidas, aquellos Schmidts de *New Girl* que evitan que nos volvamos unos holgazanes inútiles, pero que también nos molestan porque todo tiene que estar en perfecto orden. En nuestro caso, es nuestro hijo más grande, que actualmente tiene once años. ¿Alguna vez notaste que suelen ser los primogénitos? Como mi esposa solía decirle: "Lo siento, Augustine, tú fuiste el primer panqueque".[2] En cualquiera de los casos, Augustine es un perfeccionista. Si su dibujo no es perfecto, lo arruga y nos dice que es pésimo dibujando. La realidad es que dibuja mucho mejor de lo que jamás podré, pero, desde su perspectiva, es todo o nada. Si no es perfecto, no vale nada.

Eso es esencialmente a lo que las personas se refieren cuando dicen: "Si no tenemos acceso a la verdad absoluta, entonces todo da lo mismo". En otras palabras, si no es perfecto, no vale nada. Los perfeccionistas temen que si no tenemos acceso a la verdad absoluta, tendremos que arrugar el concepto de verdad hasta hacerlo un bollito y luego echarlo al cesto. Pero si das un paso al costado de la mentalidad perfeccionista, verás cuán boba es. Como escribe el filósofo Simon Blackburn en su libro *On Truth*, "las certezas cotidianas no requieren que accedamos a toda la verdad antes de que accedamos a alguna verdad".[3]

En el día a día, perseguimos la verdad absoluta porque esperamos que nos dé alguna sensación de certeza y seguridad. Si conocemos la realidad en su totalidad, no hay riesgo de equivocarnos. Y eso se siente bien. Pero eso no va a suceder. Solo porque realmente queramos que existan los unicornios no significa que vaya a suceder. Solo porque deseemos que la Biblia explique todo sobre Dios y la fe no significa que lo vaya a hacer.

TRES TIPOS DIFERENTES DE VERDAD

Así que conformémonos con la verdad (con *v* minúscula).

Seguramente nunca accedamos a toda la verdad sobre todo. Pero eso no implica que debamos tomar nuestra pelota y volver a casa, haciendo pucheros sobre lo injusta que es la vida. Nuestras vidas diarias están llenas de verdades con las que contamos. El problema es que un puñado de ellas, especialmente algunas realmente importantes, no están ni siquiera cerca de ser tan puras o claras como nos gustaría que fuesen. Tenemos que trabajar con ellas.

Cada año, en Merriam-Webster se escoge una Palabra del Año que parezca resumir mejor el periodo. En el 2006, la Palabra del Año fue *verdacidad*,[a] palabra que inventó el comediante Stephen Colbert. John Morse, presidente de Merriam-Webster en 2006, explicó: "Estamos en un punto en el que lo que constituye la verdad es una cuestión en la mente de las personas, es esto lo que está en juego, la verdad misma. La 'verdacidad' es una forma divertida de pensar en un asunto tan importante".[4]

Así que, para canalizar mi Poncio Pilato interno, "¿qué es la verdad?".

Bueno, quizás el diccionario ayude.

verdad [femenino]
sustantivo. Plural: **verdades**
1. el estado real de un asunto

El diccionario lo dijo. Eso basta.

Levanto la mano lentamente
El profesor hace una mueca de hastío, suspira, y de mala gana me señala
"Pero ¿tenemos acceso a lo que es 'real'?"
"¿Y a qué nos referimos con "real" en cualquier de los casos?"
"¿Y con 'estado'?"

---

a. El término original utilizado aquí es "truthiness", en inglés es una palabra derivada de "truth" que significa "verdad". (N. del T.)

"¿Y con 'asunto'?"

"¿Cómo sabríamos que llegamos a entender el estado real de un asunto?"

Como dice Algernon en la obra de Oscar Wilde *La importancia de llamarse Ernesto*, "La verdad rara vez es pura y nunca simple".[5] Tan cierto, Algy, tan cierto.

¿Por qué es tan compleja la verdad? Bueno, por un lado, tratamos de hacer que *verdad* signifique demasiadas cosas. Para ser honesto, la verdad está explotada y mal remunerada. Usamos una única palabra para hablar de muchas cuestiones que en realidad son diferentes. Es como cuando se habla de muebles. Cuando uso la palabra *gabinete*, me estoy refiriendo a cualquier cosa hecha de madera con puertas o cajones al que le metes cosas. Claro, hay términos más específicos que podría usar si supiera de qué estoy hablando: cómoda, aparador, gabinete o gaveta. Incluso ahora no tengo ni idea de la diferencia entre estos, o si *hay* alguna diferencia. Muchos de nosotros y nosotras hacemos lo mismo con la verdad.

A veces, cuando discutimos sobre la verdad, usamos distintas acepciones del término, diferentes *sentidos* de la misma palabra. Quiero hablar de tres de ellos:

- Verdad (hecho)
- Verdad (significado)
- Verdad (sabiduría)

En realidad, *verdad* es una abreviatura para un conjunto de cuestiones. Así que, si queremos trabajar duro para encontrar la verdad, necesitamos empezar aquí.

VERDADES DE HECHO: LA VERDAD SI TODOS ESTUVIESEN MUERTOS

En 2017, Kellyanne Conway, la asesora de Trump, defendió una declaración hecha por el secretario de prensa Sean Spicer, afirmando que este brindaba "hechos alternativos". Chuck Todd, el entrevistador, respondió: "Mire, los hechos alternativos no son hechos; son falsedades".[6]

La comprensión más básica de verdad que la mayoría de la gente tiene son los *hechos*. Las verdades de hecho son las conclusiones a las que hemos llegado sobre la realidad física. O, para ser grosero, los hechos son lo que sería cierto sobre el mundo incluso si todos estuvieran muertos. Es decir, los hechos son lo que existen "allí afuera", independientemente de las interacciones humanas. La pregunta más importante a la que nos enfrentamos cuando se trata de las verdades de hecho es *¿Cómo es que un puñado de humanos siempre influenciados por su propio umwelt, por su propio modo de ver el mundo, llegan a comprender cosas que son verdades de hecho objetivas?*

Bueno, en un intento de simplificarlo –y pasando por alto algunos años de prueba y error–, hemos dado con dos respuestas: argumentos lógicos y el método científico. Ambos parecen funcionar bastante bien. Hemos dado con unas cuantas leyes de lógica y con un proceso para interpretar nuestras experiencias que nos permiten tener nuestro *umwelt* bajo control (rara vez perfectamente, pero siempre con la meta de ser cada vez más objetivos). Por ejemplo, el método científico postula que, para que algo sea un hecho, debe ser replicable, falsable, preciso, y sobrio (se empieza con la teoría más simple que haya disponible).

Este es el criterio que se usa para cualquier verdad de hecho, aunque, dependiendo del campo de conocimiento en el que estemos, este proceso se puede llevar adelante de diversas maneras.

Por lo general, la idea de "hechos alternativos" proviene de tres cosas: (1) no queremos tomarnos el trabajo pesado de aplicar las leyes de la lógica y el método científico a lo que se nos presenta; (2) no tenemos las habilidades que se requieren para aplicar las leyes de la lógica y el método científico para lo que se nos presenta; y (3) poseemos el poder político y muy poca rendición de cuentas o motivación para decir la verdad porque, de ese modo, nuestra agenda se desmoronaría. Hay muy poco que podamos hacer sobre #3, desafortunadamente, pero podemos trabajar con #1 y #2.

TRUST THE PROCESS (CONFÍA EN EL PROCESO)

El sitio web de la NASA sobre el cambio climático global comienza con esta declaración: "Existen múltiples estudios publicados en revistas científicas revisadas por pares que muestran que el 97 por ciento –o más– de los científicos climáticos que publican activamente llegaron a un acuerdo:* Debido a las actividades humanas, es extremadamente probable que continúen las tendencias del calentamiento climático del siglo pasado.

> El asterisco te lleva a este párrafo al final de la página:
> *Técnicamente, un "consenso" es un acuerdo general de opinión, pero el método científico nos dirige desde este hacia un marco objetivo. En ciencia, los hechos u observaciones son explicados por una hipótesis (una declaración de una posible explicación para algún fenómeno natural), que puede ser testeada y re-testeada hasta que sea refutada (o desmentida).
> Conforme los científicos reúnan más observaciones, construirán una explicación y agregarán detalles para completar la imagen. Eventualmente, un grupo de hipótesis podrían integrarse y generalizarse en una

teoría científica, un principio general científicamente aceptable o un conjunto de principios ofrecidos para explicar los fenómenos.[7]

Este es un gran ejemplo de cómo nosotros y nosotras, humanos imperfectos que no tenemos acceso a la verdad absoluta, hemos construido un proceso que al menos nos acerca lo mejor posible a ella. Las siguientes oraciones resaltan el andamiaje que usamos para arribar a hechos sobre el mundo:

1- Testear constantemente las suposiciones y hacer revisiones basadas en los resultados.
2- Deben ser coherentes con todo lo que ya sabemos.
3- Debe haber consenso por parte de los expertos especializados.

En 2013, los *Philadelphia 76ers* (un equipo de básquetbol, aclaro por si no tienes afición por los deportes) jugaron terrible. Para los fanáticos, no fue ninguna sorpresa. Pero el gerente general del equipo, Sam Hinkie, tuvo una idea, una estrategia.[8] Con el tiempo, esta estrategia se volvió conocida entre los aficionados como *The Process*. Y *trust the process se volvió nuestro mantra*. Cuando no entendíamos por qué sucedían ciertas cosas, cuando nuestra intuición era contraria a lo que hacía el equipo, se nos decía *"trust the process"*.

Cuando se trata de verdades de hecho, o sea, entender cómo es el mundo cuando eliminamos de la ecuación el elemento humano, no podemos depender de nuestros sentidos, intuiciones o experiencias. Tenemos que ubicarlos en un proceso que ha sido desarrollado en los últimos cientos de años y luego *trust the process*. Y, francamente, dado que el método científico nos ha dado teléfonos inteligentes, cirugías laparoscópicas y asistidas por robots, y un aumento de la esperanza de vida de treinta y cinco a ochenta años, diría que no tenemos muchas razones para desconfiar de él.⁹ Debido a que los hechos son el resultado de este proceso, si no deseamos realizar el trabajo de volvernos expertos en él, en general nos vemos forzados a confiar en las personas que sí lo son.

Sin embargo, el método científico y el razonamiento lógico tienen sus propios límites. Una de las razones por las que esto es así es que la realidad es más que lo que está "ahí afuera". Después de todo, *somos* humanos. Y sucede que *no* todos estamos muertos. Todavía tenemos que vivir en este planeta. Así que, si bien las leyes de la lógica y el método científico son procesos geniales para arribar verdades de hecho, no necesariamente responden preguntas sobre moralidad, religión, estética o qué significa experimentar la vida como seres humanos. Pueden responder cómo funciona el mundo independiente de los humanos, pero no pueden responder las preguntas sobre *el sentido de la vida* o *cómo vivir bien*. Como dice el rabino Jonathan Sacks sobre la religión, *"La ciencia separa las cosas para ver cómo funcionan. La religión une las cosas para ver qué significan… La ciencia se basa en explicar. La religión se basa en encontrar un sentido"*.[10]

VERDADES DE SIGNIFICADO: COMPARTIENDO VERDADES HUMANAS

Una de mis citas favoritas viene de Neil Gaiman, que la adaptó de G. K. Chesterton: "Los cuentos de hadas son más que verdades, no porque nos cuentan que existen los dragones, sino porque nos dicen que los dragones pueden ser vencidos".[11]

Esta cita enuncia perfectamente la diferencia entre verdades de hecho y de significado. El método científico nunca produciría una historia donde existen los dragones (porque no son reales). Pero los humanos somos más complejos. Podemos entender que un dragón puede *significar* algo más que un dragón. Puede ser un sustituto de nuestros miedos, nuestros obstáculos, nuestros desafíos. Entonces, ¿qué es verdad? Ambas cosas son ciertas: los dragones no existen (verdad de hecho) y nuestros dragones personales pueden ser vencidos (verdad de significado). Los dos tipos de verdad son cruciales para navegar el mundo.

Así como la *verdad*, el *significado* puede ser confuso porque puede querer decir muchas cosas distintas. A nuestros propósitos, vamos a hablar de verdad de significado como la relación entre algo y alguien (¡o dos "alguien"!) para establecer relevancia, significación y valor. En algún punto, en las verdades de significado se trata de tomar los "hechos de la vida" y determinar –o hacerse consciente de– su lugar en nuestras vidas.[12]

Todos y todas vivimos en un mundo físico donde los hechos son los hechos. Sin embargo, estamos equipados con las herramientas que les dan sentido a esos hechos. Tenemos la capacidad de tomar conciencia de la relevancia, significación y valor que depositamos en nuestra relación con el mundo físico y, de hecho, cambiarlos.

Por ejemplo, imagina que hay un choque de tres autos, con tres conductores involucrados:

> Hay tres coches destrozados (verdad de hecho)
> La **persona 1** toma café todas las mañanas con la misma taza, pero la mañana del accidente esa taza estaba sucia, así que decidió usar una diferente. Es supersticioso y cree que estuvo en el accidente *gracias a* la taza. La relación (la relevancia, significación y valor) entre él y el hecho (el accidente) es el significado que él le atribuye.
> La **persona 2** ha estado ahorrando durante diez años por ese auto y cree que tener un buen deportivo le

dará amistades, que es lo que cree que necesita para dejar de sentirse sola.

La **persona 3** no tenía prisa esa mañana, tiene un seguro adecuado para cubrir los daños y tiende a tener una visión optimista de la vida. Simplemente, se va agradecida de que nadie haya resultado herido.

Si bien los hechos siguen siendo los mismos, la significación del accidente para cada uno de estos individuos es ampliamente distinta.

PERO ¿QUÉ QUIERES DECIR?

Las cosas se ponen un poco más complicadas cuando dejamos de hablar sobre nuestra relación con objetos inanimados o eventos y empezamos a hablar sobre nuestra relación con otras personas. En ese caso, cuando usamos la palabra *significado*, sumamos un elemento adicional. Ahora, debemos preguntarnos qué *pretendía* decir el comunicador original. En el ejemplo anterior, sería absurdo preguntar "¿Qué *pretende* decirnos el accidente?".

Pero si hablamos de una canción, un poema, o un libro (¿como la Biblia, quizás?), se suma otra persona a la mezcla. Y es importante respetar sus intenciones y la relevancia, significación y valor que le otorgó a las palabras que está usando.

Así que, cuando se trata de la Biblia (o una canción, poema o la literatura en general), y preguntamos "¿Qué quiere decir?" realmente nos estamos haciendo dos preguntas, y no una. En primer lugar, estamos preguntando "¿Qué pretendía comunicar la persona que originalmente puso el lápiz sobre el papel?". Pero también "¿Qué significa para mí o para mi cultura?"

Llamamos a estas dos preguntas "intención" y "significado".

Cuando le preguntamos a alguien "¿qué quieres decir?" estamos tratando de entender las *intenciones* que intenta comunicarnos.

Tengo familiares mexicanos. En ciertas ocasiones, deslizan palabras en español en medio de una oración en inglés, y yo tengo que preguntar "¿Qué significa esa palabra?". Cuando lo hago, estoy preguntando "¿Qué intentas comunicar con esa palabra? ¿Cuál es tu intención?".

La mala comunicación, no entender lo que quiere decir otra persona, sucede todo el tiempo.

Otro ejemplo extremo se puede ver en la brecha generacional que hay en la comunicación. Imagina esta conversación entre adolescentes en 2019:

> ADOLESCENTE 1: "¿La viste? Claramente tenía una mala vibra".
> ADOLESCENTE 2: "Como si me importara; ni siquiera es parte del equipo. Besis, Felicia".
> ADOLESCENTE 1: "Qué picante está la cosa".
> ADOLESCENTE 2: "Porsupu. Así soy yo, al cien. ¿Quieres que te diga la neta? Cuando se trata de ser picante, probablemente yo soy el GOAT. Ya tú SABES".

Si fuiste #bendecido de atestiguar este intercambio, quizás tengas que preguntarle a tu hija o hijo adolescente qué significan muchas de estas palabras. Necesitarías saber el significado deseado para que las palabras te aporten significado. De lo contrario, podrías descartarlo fácilmente como un parloteo, quizás como una transmisión de algo que ni siquiera es cierto.

COMUNICARSE CON LA BIBLIA

La difícil tarea de la interpretación bíblica es mantener unidos estos dos sentidos de la verdad de significado. Nuestra relación con la Biblia es, como todas las relaciones, una calle de doble sentido. Queremos entender qué pretendía comunicar el autor, y aun así también queremos que nos comunique algo significativo a nosotros y a nuestras comunidades de fe en la actualidad. Si entendemos la intención pero no nos comunica nada, se vuelve irrelevante. Si hacemos que sea significativo sin tener en cuenta la intención original, se vuelve algo infundado.

Me gusta pensar que leer la Biblia en la actualidad es como una "fusión de horizontes". Cuando algo o alguien colisiona conmigo, tengo que hacer que signifique algo y dejar que amplíe mi visión del mundo. Tengo que tomar lo que se me ha dado y hacer dos preguntas: (1) ¿Qué pretendía decir el autor? y (2) ¿Qué quiere decir para mí?

Es importante no desatar los hechos del significado ni el significado de los hechos. Pero es igual de importante recordar que los hechos no son lo mismo que el significado.

También es importante no desatar la intención del significado ni el significado de la intención. En muchos aspectos, los significados son las diversas conclusiones que podemos sacar de los hechos. Es decir, no podemos hacer que las cosas digan lo que sea que deseemos. Pero tampoco significa que solo puedan querer decir una única cosa.

Por ejemplo, si quieres entender cuál era la intención original del autor de un libro, tienes que ir y preguntarle. Si no puedes, entonces tienes que usar algún proceso desarrollado para acercarte lo más posible. Investigar sobre el autor, autora o persona; estudiar su vida y obra.

Pero incluso si le preguntas al autor o autora cuales eran sus intenciones al comunicarse y te las dicen, eso todavía no contesta la pregunta de qué significa el libro para nosotros como lectores y lectoras. Solo responde la pregunta de qué significaba el libro para el autor. La pregunta de qué significa para mí personalmente, o para nosotros y nosotras como comunidad, es más subjetiva y no se puede decidir simplemente por lo que alguien más pretendía que significara.

Esta tarea de respetar las intenciones del autor mientras buscamos maneras de integrar la Biblia en nuestra vida de un modo que sea relevante, significativo y tenga valor es complicada. Como la mayoría de las relaciones, no está atada a reglas sino a principios. No está atada a la autoridad, sino al respeto mutuo. No se trata de interpretaciones correctas o equivocadas, sino de mejores o peores, útiles o contraproducentes; un espectro más que algo binario.

Incluso en un sentido más amplio, algunas verdades de hecho son más abiertas a múltiples interpretaciones que otras. Algunas verdades de hecho no se prestan a una variedad de interpretaciones. No tienen varios significados. Piensa en la teoría de la gravedad como un ejemplo. Realmente no importa si eres una mujer adinerada en África o un hombre pobre en Italia. La manera en que experimentamos la gravedad será prácticamente idéntica, más allá de cuál sea nuestro *umwelt*. La gravedad está más del lado de las verdades de hecho.

Sin embargo, otras verdades sí se prestan a interpretaciones variadas. El más común de los ejemplos sería cualquier cosa producida por los humanos: libros, películas, música, poesía, discursos, etc. En la intersección entre la intención de las personas que producen estos trabajos y el significado que les encontramos como consumidores, están las verdades de significado.

Y en el medio, tenemos algunas situaciones muy complicadas, en las que es difícil saber si algo es una verdad de hecho o una verdad de significado. En nuestros discursos públicos, generalmente puedes encontrar estas situaciones difíciles cuando escuchas debates sobre si algo es "una construcción social" o no.[13]

VERDAD DE SABIDURÍA: NAVEGANDO BIEN LA VIDA

Un dicho popular dice algo así como: "El conocimiento es saber que el tomate es una fruta, pero la sabiduría es no ponerlo en una ensalada de frutas". De este tercer tipo de verdad –de sabiduría– casi ni se habla en nuestra cultura, aunque es el tipo de verdad del que más se trata en la historia del pensamiento, tanto en Oriente como en Occidente. Argumentaré que es el tipo más importante de verdad para nuestras vidas cotidianas, tanto en tradiciones cristianas como no cristianas. La verdad de sabiduría es aquella que se ha movido desde nuestras cabezas a nuestros corazones para luego llegar a nuestras manos y pies. Es decir, la sabiduría no son creencias dentro nuestra cabeza sino una vida bien vivida.

LA SABIDURIA NO SON CREENCIAS DENTRO DE NUESTRA CABEZA SINO UNA VIDA BIEN VIVIDA.

Déjame expresarlo de otro modo: las verdades de hecho resultan en conocimiento y las verdades de significado resultan en entendimiento. Las verdades de sabiduría se tratan de descifrar cómo navegar las realidades prácticas de lo que significa ser humano. Son acerca de aplicar lo que sabemos y entendemos del mundo, de nosotros, nosotras y otros de un modo que nos guíe a una vida bien vivida.

Un proverbio de la tribu Asaro dice: "El conocimiento es solo rumor hasta que vive en los huesos".

Pero ¿cuándo es bien vivida una vida?

San Agustín dijo algunas cosas grandiosas que han ayudado al mundo cristiano a ir en la dirección correcta durante los últimos mil seiscientos años. Un consejo que siempre amé es "Deja que todo buen y verdadero cristiano entienda que, sea donde sea que se halle la verdad, le pertenece a su Maestro; y mientras reconoce y entiende la verdad, incluso en su literatura religiosa, deja que rechace las invenciones de la superstición".[14] Esto proviene de un capítulo apropiadamente llamado "No se debe despreciar ninguna ayuda, aunque provenga de una fuente profana". O, según la paráfrasis popular, "toda verdad es verdad de Dios, no importa dónde se encuentre".

Digo esto para señalar que hay diferentes tradiciones de sabiduría que tienen mucho para ofrecernos sobre cómo navegar bien la vida. Si bien a todos y todas, de vez en cuando, nos golpean los hechos, cada cultura ha tomado estas realidades y ha desarrollado un significado a partir de ellas de diversas maneras. Y de ahí surgen ciertas maneras de vivir en el mundo a las que nos referimos como diferentes "tradiciones de sabiduría". Por "verdad de sabiduría" quiero decir verdades sobre cómo desenvolvernos bien en el mundo. Cada sabiduría tradicional, aunque similar, llega a su propia conclusión cuando se le pregunta "¿Qué es una vida bien vivida?".

Budismo, sijismo, estoicismo, y mis propias historias y leyendas choctaw son cuatro tradiciones que me vienen a la mente.[15] A lo largo de los años, he encontrado maravillosos trozos de sabiduría en cada una de ellas.

- "Nunca completarás tu destino hasta que no dejes ir la ilusión del control".
- "Cuando el camino que recorres siempre te conduce hacia ti mismo, nunca llegas a ninguna parte".
- "Tu mente es como el agua, mi amigo. Cuando está agitada, ver se vuelve difícil. Pero si permites que se asiente, la respuesta se torna clara".

Todos estos son dichos de sabiduría geniales de distintas tradiciones. Solo bromeo. Son todas citas de Oogway, el maestro tortuga en la película animada *Kung Fu Panda*.

Ahora, fuera de bromas, hay miles de dichos sabios que comparten buenos consejos sobre una vida bien vivida pero que también resisten a nuestros impulsos de transformarlos en reglas. Los dichos de sabiduría a menudo requieren que vivamos un poco la vida antes de entender que están diciendo.

- "El tonto se cree sabio, pero un hombre sabio sabe que es tonto". —William Shakespeare
- "Ayer era inteligente y quería cambiar el mundo, hoy soy sabio y me cambio a mí mismo". —Rumi
- "La humanidad no ha tejido la red de la vida. No somos más que un hilo dentro de ella. Lo que le hagamos a la red de la vida nos lo hacemos a nosotros mismos. Todas las cosas están unidas. Todo está conectado". —Chief Seattle

ZORROS, UVAS Y JESUS

En un día muy caluroso, un zorro[bb] sediento se topó con un racimo de uvas grandes y jugosas que colgaban en lo alto de una parra. El zorro se paró de puntillas y estiró sus brazos, intentando alcanzarlas, pero estas se encontraban muy lejos.

Sin querer darse por vencido, el zorro tomó impulso y saltó con todas sus fuerzas una y otra vez, pero las uvas seguían muy lejos de su alcance.

Esta vez, se sentó a mirar las uvas con desagrado.

---

b. La mayoría de las traducciones de esta fábula al español se titulan "La zorra y las uvas". A efectos prácticos, se decidió conservar el género utilizado en las traducciones angloparlantes. (n. del T)

LA VERDAD ESTÁ EXPLOTADA Y MAL REMUNERADA

*–Qué iluso he sido –pensó–. Me he esforzado en alcanzar unas uvas verdes que no saben bien.
Y se marchó muy, pero muy enojado.*[16]

Esta es una de las fábulas de Esopo, una de las más de cien –probablemente– escritas por un esclavo y contador de historias en la Grecia del siglo V a. e. c.
¿Cuáles son las verdades de hecho que encontramos en esta historia?

- Los zorros son conocidos por comer uvas.[17]
- Los zorros no hablan en griego antiguo, latín o inglés.
- Este no fue un evento histórico observado y registrado por Esopo.

Afortunadamente, Esopo no estaba realmente interesado en escribir con el fin de proveer verdades de hecho, sino para contar historias que nos ayuden a desenvolvernos bien en el mundo (verdad de sabiduría). Entonces ¿qué hacemos con la parábola del zorro y las uvas?

Empecemos con una pregunta desde la verdad de significado: ¿Qué *pretendía* Esopo cuando escribió esto? Sus intenciones eran explícitas (*hay muchos que pretenden despreciar y menospreciar lo que está fuera de su alcance*). Sin embargo, conforme la historia fue pasando a través de las generaciones, hubo quienes han hecho que signifique otras cosas más cercanas y relevantes para ellos.

Gustave Doré, quien ilustró la edición francesa de 1870 de las *Fábulas de Esopo*, tuvo un abordaje más específico y explícito sobre el significado de la parábola: *Algunos muchachos menosprecian a las chicas que no quieren tener relaciones sexuales con ellos, diciendo que son sexualmente inmaduras y solo aptas para chicos sexualmente inmaduros*. Este significado es posible gracias a que el traductor francés Jean de La Fontaine tradujo "verdes" como "inmaduras" al francés, algo asimilable a "sexualmente inmadura". Luego, está Jon Elster, un científico social noruego, que toma la parábola como un ejemplo de estrategia de "cómo reducimos la disonancia cognitiva entre el deseo y la imposibilidad de tener lo que deseamos".[18]

Resulta llamativo que los diferentes significados que las personas han encontrado para esta parábola pueden tener un impacto prácticamente opuesto.

Para algunos, el zorro es un embaucador, y la moral de la historia –su verdad de sabiduría– es negativa: *no seas como el zorro, que se resiente injustamente con las uvas porque el mundo no funciona a su favor.* Para otros, el zorro es ingenioso, y la moral de la historia –su verdad de sabiduría– es positiva: *sé como el zorro, que se las ha ingeniado en dar con un modo de ser feliz en el mundo al encontrar faltas en lo que codicia.* El zorro se ha convencido a sí mismo de que "todo sucede por una razón", y debe haber un motivo por el que no consiguió las uvas.

Todas son *verdad*, dependiendo de la perspectiva en la cual te posiciones. No son verdades de hecho, sino verdades de significado, y de sabiduría cuando el significado es vivir bien.

¿Hay gente que pretende menospreciar lo que está fuera de su alcance? Sí. ¿Hay muchachos que menosprecian a las mujeres que rechazan sus avances sexuales? Obvio. Estas son verdades de significado acerca del mundo que aparecen en la historia. Pero ¿qué verdad de sabiduría podemos extraer de esta narración, más allá de los hechos o de lo que podrían significar?

La sabiduría llega cuando implementamos los diferentes significados en las *circunstancias adecuadas*, en el *momento adecuado* y de la *manera correcta*. A veces navegaremos mejor el mundo si leemos la historia como una crítica a nuestro resentimiento inmaduro y poco compromiso a responsabilizarnos por nuestros defectos. A veces, nos orientaremos mejor en el mundo si creemos que, en ocasiones, no obtener lo que queremos es una bendición disfrazada. ¿Deberíamos menospreciar a las muchachas que rechazan nuestros avances sexuales? No. ¿Deberíamos minimizar aquello que está más allá de nuestro alcance? No. La sabiduría es apropiarnos de estos significados y luego vivir bien.

Las parábolas de Esopo nos muestran que las más grandiosas verdades de sabiduría pueden no ser hechos del mundo real y tener verdades de significado ambiguas. Hace algunos mil ochocientos años, el escritor Filostrato ya estaba alabando a Esopo por este don:

> Hace uso de sucesos humildes para enseñar grandes verdades, y después de presentar una historia le agrega un consejo sobre hacer o no determinada cosa. Entonces, también estaba realmente más apegado a la verdad que los poetas; porque estos últimos violentan sus propias historias para hacerlas probables; pero él, al anunciar una historia que todo el mundo sabe que no es cierta, dijo la verdad por el mismo hecho de no pretender relatar hechos reales.[19]

Como mencionamos antes, las verdades de hecho están guiadas por las leyes de la lógica y el método científico. Y la verdad de significado está guiada por la intención y la significación. Pero ¿qué hay de la verdad de sabiduría? ¿Qué nos permite decir "sí o no" a ciertas definiciones sobre una vida bien vivida?

Estas definiciones a menudo están guiadas por la cultura y la experiencia personal. Como seguidores de la tradición cristiana, es útil preguntarnos: ¿cómo podríamos definir esta verdad de sabiduría? ¿Cuál es nuestro estándar? ¿Qué tiene de distinto la tradición cristiana del budismo o del estoicismo? Sé que corro el riesgo de simplificarlo excesivamente, sin embargo, permíteme ensayar algo: *una vida llena de matices de amor que sigue los patrones de Jesús.*

Esta es una definición crucial, porque aquí es donde puenteamos la brecha entre el amor y la verdad. Aquí es donde aprendemos por qué el amor importa más que pelear todo el tiempo para ver quién tiene la razón. El entendimiento cristiano de la sabiduría es donde el amor y la verdad bajan sus armas y no solo se vuelven amigos sino que se vuelven lo mismo. La forma más elevada de verdad es una vida de amor. Todas las otras formas de verdad –la verdad de hecho y de significado- están subordinadas a la verdad de sabiduría. Y toda verdad de sabiduría lleva a una vida de amor que sigue los patrones de Jesús.

Aquí hay una progresión: la verdad de hecho es lo que sería verdad si todos estuviesen muertos. La verdad de significado es una chispa de conexión –intención y significación– entre nosotros y otros (el mundo, otra persona, un libro). Y la verdad de sabiduría es completamente personal, el sentido no puede ser verdadero si estuvieses muerto o muerta, porque se trata de si tú –sí, tú, justo donde te encuentras ahora– estás viviendo bien la verdad. En la tradición cristiana, esta cuestión es abordada más específicamente con la pregunta "En este momento, ¿estás viviendo una vida llena de matices de amor que sigue los patrones de Jesús?".

Veamos estas palabras con un poco más de detalle.

Matices. No tenemos que ir muy lejos para encontrar la necesidad de matices en la Biblia. Tomen, por ejemplo, Proverbios 26:4–5:

> No respondas al necio según su necedad,
> o tú mismo pasarás por necio.
> Respóndele al necio como se merece,
> para que no se tenga por sabio.

Entonces, ¿cómo es? ¿Le respondemos al necio o no? Pueden ser ambas. La Biblia, como un libro de sabiduría, responderá, una y otra vez, "depende".[20] Como libro de sabiduría, la Biblia extrañamente nos da certezas morales o un conjunto de reglas o leyes. No nos dice qué pensar sino que provee preguntas y pensamientos para que desarrollemos nuestra musculatura moral.

Para que no pensemos que es algo que se da solo en el Antiguo Testamento, por favor nota que Jesús hizo 307 preguntas en la Biblia. A él le hicieron 183, y contestó de manera directa tres veces.[21] Es casi como si no estuviera interesado en darnos respuestas tanto como lo está en hacernos "astutos como serpientes y sencillos como palomas" (Mateo 10:16). Esto es convertirnos en personas que pueden tomar decisiones matizadas, basadas en una sabia lectura de las circunstancias.

La premisa base de *Los 5 lenguajes del amor*, el libro popular de Gary Chapman, es que gracias a que estamos construidos de distintas maneras, no podemos dar por sentado que nuestra manera de amar será realmente recibida como amor. Si bien Chapman delinea cinco formas específicas de experimentar el amor, me parece que su principio general es de mucha utilidad: saber cómo amar bien a las personas requiere sabiduría; requiere matices con conocimientos de causa. Si dar amor depende en algún sentido de cómo ese alguien va a recibirlo, requiere tiempo y esfuerzo asegurarse de que mis palabras y acciones sean *recibidas* como amorosas.

Esta es la razón por la cual cualquier forma de cristianismo que venda certezas es una farsa, un esquema de cómo volverse rico que nos roba sabiduría y coraje. Esa forma de cristianismo propone una forma de amar bien a las personas sin matiz alguno, sin blancos y negros, sin el desorden de una relación verdadera. De la misma manera que los médicos están aprendiendo a administrar medicamentos de formas específicas y matizadas para tratar nuestras dolencias físicas, nosotros tenemos que aprender a administrar amor de formas específicas y matizadas para tratar nuestras dolencias espirituales y relacionales.

La vida. Para la tradición cristiana, la sabiduría no se trata de las palabras sino de la existencia y de cómo realmente vivimos en el mundo. Esto está muy a la vista en los escritos de Juan. El autor lo resume muy agradablemente en 1 Juan 3:18: "**Queridos hijos, no amemos de palabra ni de labios para afuera, sino con hechos y de verdad**". O, como dice el escritor Søren Kierkegaard: "El cristianismo entró al mundo no para ser entendido sino para existir en él".[22] Para ser aún más conciso, el cristianismo se centra en los frutos, no en las raíces.

El amor. Sí, la sabiduría es matizada. Sí, es para ser vivida, y bien. Sin embargo, en la tradición cristiana, el clímax de la vida de sabiduría es la vida de amor. Para la tradición cristiana, si algo no es amoroso, no es verdad ni es sabio; aplica a todo. Así que preguntamos "¿Qué es el amor?".

Cuando tenía dieciséis años, vi a un anciano en sillas de ruedas que intentaba pasar por un parque para ir a su casa. Tenía una pierna amputada, y usaba la otra para empujarse lentamente. Después de pasar junto a él, decidí dar la vuelta y preguntarle si necesitaba ayuda para llegar a donde tenía que ir. Cuando finalmente lo alcancé y le pregunté si quería ayuda, me miró, completamente molesto, y dijo: "No estoy yendo a ningún lugar. Estoy aquí en el parque haciendo ejercicio".

Claro, al principio me sentí profundamente avergonzado y a la defensiva. ¡Qué idiota!, pensé para mis adentros mientras refunfuñaba de camino al auto. Pero, después de recuperarme, esta experiencia se convirtió en una lección extremadamente valiosa para mí: el amor es más que una simple intención o sentimiento, y se necesita trabajo para amar bien.

Aquí nos podemos servir de la definición de amor de bell hooks (que pidió prestada de M. Scott Peck): "La voluntad de extender nuestro yo con el propósito de nutrir el crecimiento espiritual propio o el de otra persona".[23] ¿Cómo puede uno ir más allá de sí mismo para nutrir su propio crecimiento espiritual o el de otra persona? En definitiva, pienso que podemos hacer de esa definición lo que queramos. Amar bien requiere sabiduría. Desarrollar las habilidades que necesitamos demanda tiempo y energía. En otras palabras, el amor es más que un sentimiento y es más que una intención (no suele ser menos). Requiere un accionar que tenga en cuenta cómo será recibido. O, como dice bell hooks: "Para amar de verdad debemos aprender a mezclar varios ingredientes: cuidado, afecto, reconocimiento, respeto, compromiso y confianza, al igual que una comunicación honesta y abierta".[24]

Este tipo de amor es lo que denomino *amor verdadero*.

Los cristianos y cristianas, más que un grupo de personas que "hablan la verdad en amor", necesitan ser un pueblo que exprese y encarne el amor verdadero. En la frase "hablando la verdad en amor", el énfasis está en la *verdad*, y el *amor* solo describe cómo decir la verdad. Pero en la frase "amor verdadero", el énfasis está en el amor, y la verdad solo describe cómo amar. Simplemente al cambiar el sustantivo por el adjetivo, hemos alterado el curso de la vida cristiana. El énfasis siempre debe recaer en los actos de amor, con la verdad ciñéndolos. En lugar de eso, con demasiada frecuencia permitimos que el énfasis recaiga en los actos de decir la verdad y, así, perdemos el punto.

Los patrones de Jesús. Como cristianos y cristianas, lo que entendemos por sabiduría y amor está moldeado por Jesús. Cuando le escribe a los corintios, Pablo usa mucho lenguaje sapiencial. Él siente que Dios nos está llamando a una vida de sabiduría que, innegablemente, posee una forma crística. De hecho, en 1 Corintios 1:30, escribe que *Dios ha hecho* –a Jesús– *nuestra sabiduría*. O, como dice Cynthia Bourgeault sobre Jesús, "no solo era un maestro de la sabiduría, era un experto en sabiduría".[25]

¿Y cómo era la sabiduría de Jesús? Bueno, si la definición

de amor es "la voluntad de extender nuestro yo con el propósito de nutrir el crecimiento espiritual propio o el de otra persona", entonces, la sabiduría de Jesús es como el amor.[26]

Decir la verdad en amor es muy diferente si vives tu vida en la búsqueda de sabiduría en lugar de asegurarte de que los hechos sean los correctos. ¿Esto significa que los hechos no importan? Claro que no. Me gustaría que nos resistiéramos a abordar el tren del perfeccionismo. No es todo o nada. Todos y todas vivimos con hechos. La pregunta es: ¿cómo podríamos ir más allá de los hechos para hallar el amor? ¿Podemos relajar un poco la tensa sujeción con la que aferramos la vida para ver que constatar los hechos sobre la Biblia, la política o el mal comportamiento de nuestro prójimo no nos lleva hacia el amor?

CAPÍTULO TRES

CUIDADO CON ENAMORARSE DE LAS VACAS

Una noche, cuando tenía diecisiete años, llegué a mi casa después de haber salido con mis amigos y fui directamente a la cocina por un bocadillo. Aunque nuestra cocina era pequeña, ahí teníamos la lavadora, la secadora y la mesa para comer, que estaba frente a una ventana grande. Cuando me dirigía de la cocina a la sala, pude ver a mi mamá sentada allí, trabajando en algo.

Empezamos a charlar sobre la noche, que de alguna manera nos llevó a una conversación sobre el cristianismo. Bueno, para ser honesto, yo trataba de encauzar la mayoría de mis conversaciones hacia ello. Estábamos debatiendo nuestra idea de predestinación (si Dios escoge qué personas irán al cielo o si tenemos libre albedrío). Recientemente se me habían presentado algunos conceptos teológicos, y luego de leer dos o tres libros sobre el tema, claramente era un experto y necesitaba cambiar la mentalidad de todos para salvarlos de los caminos de la ignorancia.

"Aja, pero verás –le dije mientras la señalaba con el índice–, acabas de contradecirte". En un instante, me tomó de la garganta con una mano y de mi camisa con la otra y me estrelló contra la puerta trasera. Nuestros ojos se agrandaron cuando comprendimos lo que acababa de pasar. Ambos empezamos a temblar, y las lágrimas corrían por nuestros rostros mientras nos sentamos en silencio. Finalmente, mi mamá se disculpó y me contó que cuando la gente la señalaba con el dedo se retrotraía a su niñez y a su padre insultándola a ella y sus hermanos mientras los señalaba con el dedo.

Esa fue la noche que aprendí que entender bien algunos conceptos teológicos no era el todo del cristianismo. Constatar hechos no era suficiente para traer el reino de Dios que estaba buscando. No era suficiente para hacer aparecer el amor entre dos personas o sanar viejas heridas. Esa noche, aprendí una verdad valiosa: la verdad es más amplia que los hechos (especialmente cuando eres cristiano).

Esa noche me transformó de formas de las que todavía estoy aprendiendo. No me cambió de inmediato, pero agrieto mis fundamentos. ¿La vida de fe se trata de estar en lo correcto? ¿Es importante asegurarse de que otros entiendan las cosas correctamente?¿O se trata de amar a las personas pase lo que pase? Por alguna razón, en mi mente, era muy difíciles hacer todo esto al mismo tiempo.

Según lo que recopilé de niño, decir la verdad en amor era decir la verdad y, *con viento a favor,* hacerlo de una manera amorosa. El énfasis siempre estuvo puesto en decirles la verdad a las personas y no en amarlas. A medida que voy creciendo, y haciéndome más sabio –espero–, veo que debería ser al revés. El énfasis siempre debería estar en el amor y no en decir la verdad. La prioridad en el Nuevo Testamento, como veremos, siempre es el amor.

Veremos que en la Biblia no hay tensión entre la verdad y el amor, porque la forma más elevada de verdad es la sabiduría, y la forma más elevada de sabiduría es amor. ¿Escuchaste eso? Veremos que, según la Biblia, la verdad *es* amor; no hay distinción. Jesús se trata de la forma en que vivimos nuestras vidas y no de los hechos en nuestra cabeza. No podemos escapar de la conclusión de que la prioridad de la verdad no son los hechos ni el significado, y ni siquiera es la sabiduría, sino el amor. Entonces, cuando Pablo dice, en Efesios 4:15, que debemos "hablar la verdad en amor", entiendo que quiere decir que si no estás *en amor* con la persona que tienes parada enfrente –si no actúas con amor hacia ella o él–, entonces no estás diciendo la verdad, sin importar lo que salga de tu boca.

Y así, en un movimiento brillante, la tradición cristiana nos mueve desde descansar sobre los hechos hasta buscar activamente un significado que nos impulse a una vida de sabiduría, que encuentra su máxima plenitud en el amor. El Nuevo Testamento (como veremos a lo largo del resto de este libro) nos lleva una y otra vez al amor (un amor que no está en contra de los hechos). No hay una tensión entre el significado y la sabiduría. Es una visión para la vida que utiliza los hechos, el significado y la sabiduría al servicio del amor. Es un estilo de vida que los integra a todos.

Es crucial entender esto, porque durante los últimos cuatrocientos años, muchos de nosotros lo hemos entendido mal.

LA TEORIA DE LA MAQUINA EXPENDEDORA

Creo firmemente que la cultura estadounidense ha comprado en lo que llamo "la teoría de la máquina expendedora" sobre los hechos. Es la creencia de que el mundo se corregirá cuando entendamos correctamente los hechos. El problema *real* con el mundo, dice esta teoría, es que no *sabemos* suficiente. Si tan solo pudiéramos conseguir una moneda para poner en la máquina y apretásemos los botones correctos, obtendríamos la golosina (un mundo mejor) cada vez que quisiéramos. Es una cuestión mecánica.

En honor a la verdad, hemos llegado a esta idea con honestidad. Desde que René Descartes se embarcó en su viaje para encontrar certezas hace cuatrocientos años con su famoso dicho "Pienso, luego existo", la cultura occidental se ha centrado más y más en los hechos.

Hemos pasado cuatrocientos años enfatizando cada vez más la seguridad de conseguir todos los datos correctos sobre el universo, y casi nada de tiempo cultivando las habilidades para crear mejores significados, más sabiduría y una vida de amor.

Un ejemplo es la explosión de programas CTIM (Ciencia, Tecnología, Ingeniería y Matemáticas) en los Estados Unidos. Recientemente, el Departamento de Educación hizo público que sobrepasó la directiva del presidente Trump de invertir $200 millones en educación CTIM, y anunció que, en 2018, la inversión fue de $279 millones.[1] Observa cuál es el lenguaje que se utiliza para hablar de la importancia de CTIM: "No hay dudas de que para hacer avanzar nuestra economía y nuestra sociedad, necesitamos crear las próximas grandes innovaciones tecnológicas, no solo consumirlas. Es por eso que es tan urgente que EE. UU desarrolle una fuerza laboral más sólida de expertos en ciencia, tecnología, ingeniería y matemáticas (CTIM)... Las disciplinas relacionadas con CTIM son responsables de muchas de las innovaciones sociales que hacen que nuestro mundo sea mejor".[2]

En otras palabras, tenemos urgencia por desarrollar trabajadores expertos en campos CTIM porque nuestro progreso en ciencia, tecnología, ingeniería y matemáticas es lo que hará mejor a nuestro mundo.

Sin embargo, no tenemos que observar más allá de la ambigüedad ética alrededor del desarrollo de la bomba atómica para ver que CTIM no es lo único que necesitamos para mejorar el mundo. En los años cincuenta bregamos como país con las implicaciones de la bomba atómica. Estábamos seguros de que la ciencia nos traería la Utopía, cuando en realidad nos trajo muerte y destrucción. ¿Qué hay del énfasis en materias como autoconocimiento, compasión, empatía, civismo, respeto, paz y justicia?

¿Por qué nos sorprendemos de que, cuando ponemos en primer lugar a la búsqueda de hechos por sobre la búsqueda del amor, el resultado no es más amor? Si bien admitimos que el mundo mejora cuando utilizamos iguales parte de amor y verdad en la receta, en mi tradición, usualmente eran más importante los hechos correctos que cómo se sentían las personas. Es más, se solía decir que proporcionarles hechos a las personas era lo más amoroso que podíamos hacer. No obstante, si ponemos la búsqueda de hechos al timón sin una brújula moral, los hechos pueden traer destrucción tan rápido como pueden traer paz. Claro que necesitamos CTIM. Claro que necesitamos continuar la búsqueda de hechos. Realmente han traído una cantidad asombrosa de bondad al mundo. Solo debemos asegurarnos de que "decir la verdad" no sea un fin en sí mismo.

La mayoría de los científicos con los que hablo están de acuerdo. Actualmente, cuando a los científicos se les pregunta por qué es importante el cambio climático, por qué es importante el agotamiento de los recursos naturales o por qué es importante la investigación sobre el cáncer, tienden a recurrir a algo más que a la verdad. Muchos y muchas recurren al amor.

Y así debería ser en la fe cristiana. Debemos derribar de nuestra fe al ídolo de los hechos, de llegar a tener la teología correcta, y debemos poner de manifiesto nuestra hipocresía. Debemos poner el énfasis en el amor y dejar que nos dirija hacia un mundo mejor.

LA VERDAD ES UNA HERRAMIENTA

Si bien tanto mi padre como mi madre son oriundos de Oklahoma y ambos provienen de familias de clase baja, son dos personas muy diferentes. Mi madre es choctaw, una tribu nativa americana que tiene su hogar en el sureste de los Estados Unidos. Su pueblo fue engañado múltiples veces por diferentes personas en el poder, y ella expresó este trauma diciéndome que no confíe en nadie. Mi padre fue un vaquero que creció en un pequeño pueblo de Texas; amaba y confiaba abiertamente en las personas.

También crecieron en dos sistemas religiosos diferentes. Mi abuela materna fue una predicadora carismática ordenada que vivía en una camioneta y viajaba por el mundo, ministrando mujeres. Mi papá creció como bautista del sur. Me crie intencionalmente en dos sistemas cristianos diferentes. Me dieron dos caminos para poder ser "el mejor cristiano". Entre los carismáticos, se les daba la medalla de mejor cristiano a quienes fueran capaces de mostrar más enérgicamente sus emociones hacia Jesús. Entre los bautistas del sur, la obtenían quienes podían memorizar la mayor cantidad de versículos bíblicos.

Obviamente, esto nunca se decía explícitamente, no obstante lo cual era transmitido muy claramente. De seguro había muchísimas otras cosas sobre las que ambos lados acordaban que debíamos hacer (destruir todos los discos de Jay-Z y solo escuchar DC Talk y Newsboys) y no ("No digas palabrotas, no tomes alcohol, no masques tabaco ni salgas con chicas que lo hagan" era un dicho común de Texas). Pero, en líneas generales, se me mostraron dos caminos. Y al crecer en ambos, naturalmente los uní. Basado en cómo se organizaban las clases dominicales, en cómo veía que se comportaban otros adultos en la iglesia y en lo que leía, demostrar mis emociones a Jesús y memorizar versículos bíblicos me resultaban las mejores formas de llegar a la cima de la cadena alimenticia cristiana.

Como alguien que vive mayormente en su cabeza y le cuesta conectar con sus emociones, estoy agradecido por mi formación carismática. Como un profesor mío y yo solíamos bromear: "Hey, salgamos a tomar algo pronto y pensemos en nuestros sentimientos". Pero era inevitable que eventualmente eligiera versiones cada vez más intelectuales del cristianismo. Ser bautista del sur fue una droga de entrada a volverme presbiteriano en la secundaria, la meca (para no mezclar metáforas... ¿o religiones?) de cosas como "una fe construida sobre el conocimiento". Recibí muchas felicitaciones en los ejercicios de "esgrima bíblico" y era el primero en encontrar un versículo en particular. Me pidieron que comenzara a dar clases al ver la cantidad de veces que interrumpí una discusión con: "Bueno, en realidad...", y corregía a otros estudiantes o profesores en sus puntos de vista. Fue una gran época para estar vivo.

Así que créeme cuando te digo que fue un momento difícil cuando empecé a darme cuenta de que el cristianismo es acerca de vivir una vida de amor y no solo una vida monocromática en la que debemos entender correctamente ciertos hechos. Empecé a dar con versículos como 2 Pedro 1:5-7: "Precisamente por eso, esfuércense por añadir a su fe, virtud; a su virtud, entendimiento; al entendimiento, dominio propio; al dominio propio, constancia; a la constancia, devoción a Dios; a la devoción a Dios, afecto fraternal; y al afecto fraternal, amor".

Pedro está trazando un curso, un plan que comienza con la fe y termina con el amor. El resto son solo pasos en el camino. Como todos sabemos, cada mueble de IKEA tiene, al menos, veintitrés pasos. Basar nuestra vida cristiana en cuánto sabemos es como construir una estantería IKEA y detenernos en el segundo paso. No es que conocer los hechos sea malo o inútil. No es que entender qué significan las cosas, o incluso crear nuevos significados, esté mal. Eso también es determinante. Pero intentarlo es quedarse corto. Sería construir una vida que similar a una estantería IKEA burdamente construida, funcional durante un tiempo y con aspecto robusto, pero que, eventualmente, será insegura para las personas alrededor.

Basado en mi personalidad (representado por el eneatipo 8 del Eneagrama) y en cómo fui entrenado en la iglesia, estaría mucho más cómodo si la lista fuera leída de este modo: "Precisamente por eso, esfuércense por añadir a su fe, virtud; a su virtud, entendimiento; a su entendimiento, más entendimiento; a su entendimiento, incluso más entendimiento; a su aún más entendimiento, una maestría en Biblia; a su maestría en Biblia, control; y al control, enseñar a todos los demás la Biblia con tu intelecto superior".

Así de ridículo como suena, incluso cuando lo veo ahora, para mis adentros estoy como *"sí,* básicamente eso es lo que esperaba de la vida cristiana".

Pero si masticamos la lista original de Pedro por un minuto, vemos algo importante. El entendimiento solo es un paso hacia otras cualidades presumiblemente más importantes. ¿Y cuál de las cualidades de la lista es la culminante? El amor. A menudo, pensamos en la verdad y el amor como dos caballos que nos arrastran en nuestro vagón de la fe cristiana. Son iguales, ambas parecen ir en la misma dirección. Pero esta no es la imagen que de 2 Pedro y, como veremos en el resto de este libro, tampoco es la de la mayor parte del Nuevo Testamento. El entendimiento y el amor no están en guerra. El amor claramente es la reina, y el entendimiento su príncipe.

EL AMOR ES UN TESORO NACIONAL

Voy a confesar algo. No estoy seguro de estar a salvo al admitir esto en el 2020, pero me gustan las películas de Nicolas Cage. Listo, lo dije. Honestamente, el tipo ganó un Oscar por

Adiós a Las Vegas y luego hizo clásicos como *Con Air*, *Contracara* y *La Roca* ¡y todo en tres años! Sí, me siento inseguro por mi confesión y ahora la defiendo. Al vivir en el área de Philadelphia, a mis hijos les gusta especialmente *La leyenda del tesoro perdido*. Esta lista de 2 Pedro me recuerda al argumento de *La leyenda del tesoro perdido*.

La película comienza con Nic Cage liderando un grupo de compinches torpes que creen que están buscando un tesoro en el Ártico. Cuando Nic encuentra un artefacto que resulta ser otra pista (un mapa a la siguiente pista), sus compañeros están muy decepcionados. Habían confundido el mapa con el tesoro. Y lo que resulta atractivo es que cada pista les podría haber valido miles de dólares. Si hubiese dependido de sus compinches, probablemente habrían abandonado en el artefacto, lo habrían cambiado por cien mil dólares y habrían dado por cerrado el asunto. Pero Nic es demasiado inteligente e impasible para eso. Él sabe la diferencia entre una pista y el tesoro, y no se detendrá hasta obtener el tesoro. Lo cual hace. Y vale $10 billones. Que, por cierto, se estima que es el segundo tesoro más alto de la ficción (después de las riquezas de Smaug en *El Hobbit*, con $62 billones).[3]

Si pensamos en cada palabra de la lista de Pedro como pistas, la conexión es clara. Cuando pensamos que entender hechos es la meta final, confundimos el mapa con el tesoro. El conocimiento es una herramienta, una muy importante, para llegar al tesoro. Tenemos que hallar la forma de otorgarle el lugar importante que le corresponde y que no se convierta en el tesoro que estamos buscando.

Es irónico que seamos una cultura obsesionada con encontrar la verdad, convencidos de que nos guiará al amor. Me di cuenta de que la verdad es una guía falaz hacia el amor, y que invierto mejor mi energía cuando vivo con el tesoro en lugar de buscar frenéticamente el mapa.

CUANDO PENSAMOS QUE ENTENDER LOS HECHOS ES LA META FINAL, CONFUNDIMOS EL MAPA CON EL TESORO.

Como comentario al margen, como alguien que florece y vive naturalmente en su cabeza, estoy aquí para decirte que el sistema cristiano está fuertemente inclinado a mi favor. Me destaqué en la escuela dominical, en el seminario y como pastor porque era admirado y respetado por mi inteligencia. Todo el sistema está construido para privilegiar nuestro intelecto. La mayoría, incluso, equiparamos las creencias con "elaborar pensamientos en nuestras mentes". Me gustaría dejar constancia de que "eso necesita cambiar. Necesitamos escuchar a personas que han sido marginadas por cómo conectan con Dios en modos que, francamente, puede que estén más cerca de la fe que abrazan Jesús y el Nuevo Testamento que de la que ha sido conformada en el cristianismo durante el curso de la historia".

Pablo argumenta lo mismo en 1 Corintios 13:1-13, lo cual suele hacer al final de sus cartas.

> Si hablo en lenguas humanas y angelicales, pero no tengo amor, no soy más que un metal que resuena o un platillo que hace ruido. Si tengo el don de profecía y entiendo todos los misterios y poseo todo conocimiento, y si tengo una fe que logra trasladar montañas, pero me falta el amor, no soy nada. Si reparto entre los pobres todo lo que poseo, y si entrego mi cuerpo para que lo consuman las llamas, pero no tengo amor, nada gano con eso.

El amor es paciente, es bondadoso. El amor no es envidioso ni jactancioso ni orgulloso. No se comporta con rudeza, no es egoísta, no se enoja fácilmente, no guarda rencor. El amor no se deleita en la maldad, sino que se regocija con la verdad. Todo lo disculpa, todo lo cree, todo lo espera, todo lo soporta.

El amor jamás se extingue, mientras que el don de profecía cesará, el de lenguas será silenciado y el de conocimiento desaparecerá. Porque conocemos y profetizamos de manera imperfecta; pero cuando llegue lo perfecto, lo imperfecto desaparecerá. Cuando yo era niño, hablaba como niño, pensaba como niño, razonaba como niño; cuando llegué a ser adulto, dejé atrás las cosas de niño. Ahora vemos de manera indirecta y velada, como en un espejo; pero entonces veremos cara a cara. Ahora conozco de manera imperfecta, pero entonces conoceré tal y como soy conocido.

Ahora, pues, permanecen estas tres virtudes: la fe, la esperanza y el amor. Pero la más excelente de ellas es el amor.

¿Su argumento central? Todo está al servicio del amor. Observa que nombra al conocimiento como una de sus herramientas. Sin el amor, el mapa es solo un mapa.

SI EL CONOCIMIENTO ES UNA HERRAMIENTA QUÉ ESTAMOS CONSTRUYENDO?

El conocimiento, cuando se lo ubica adecuadamente, puede ser una herramienta poderosa para el amor. Y cuando no, puede ser una herramienta poderosa para lograr control y temor. Si el conocimiento es una herramienta, podemos usarla para construir confianza, libertad y amor, o podemos usarlo para construir miedo, control y odio.

En la misma carta que posee su famosa sección del "Amor", Pablo presenta un escenario idéntico: el verdadero conocimiento conoce su lugar (es una herramienta para el amor). El falso conocimiento tiene éxito, ya que utiliza la información como un modo de ponerse por encima o por delante de otros. Pablo escribe: "En cuanto a lo sacrificado a los ídolos, es cierto que todos tenemos conocimiento. El conocimiento envanece, mientras que el amor edifica. El que cree que sabe algo, todavía no sabe como debiera saber. Pero el que ama a Dios es conocido por él" (1 Corintios 8:1–3). Concluye esta sección mostrando lo que sucede si usamos nuestro conocimiento en pos del temor y el control: "Entonces ese hermano débil, por quien Cristo murió, se perderá a causa de tu conocimiento" (8:11).

En la actualidad, este es un problema para el cristianismo estadounidense. Demasiados de nosotros deseamos ser adulados en lugar de ayudar a construir. Y, como resultado, hay muchos más hermanos y hermanas siendo destruidos por personas engreídas que persiguen el conocimiento como medio para controlar y no como medio para amar.

Así solía ser yo. Así que lo entiendo. En mi caso, no necesitaba el control porque era una mala persona. No era un codicioso del poder. Tenía miedo. Tenía miedo de estar equivocado. Tenía miedo de sentir que no tenía un ancla a la que aferrarme. Mientras más sabía, más a salvo me sentía. Aun así, no es excusa para las veces que "destruí" a alguien por estar tan inflado de envanecimiento, que los sentimientos y opiniones de las personas no tenían lugar.

¿De qué forma podemos darnos cuenta de si alguien está buscando conocimiento para controlar y no para amar? Utilizan las palabras de Pablo "hablando la verdad en amor" como una tarjeta de "salga de la cárcel gratis" para blandir sus opiniones sobre la fe como un arma.

El ejemplo más extremo es Westboro Baptist Church [WBC] en Topeka, Kansas. Los miembros de la iglesia viajan por los Estados Unidos, haciendo piquetes y protestas en casi todos los lugares que pueden. Su meta: hacerle saber a la gente que "Dios odia a los maricas" y que todo pecador soberbio debería "arrepentirse o sucumbir". Su estrategia se basa en decir la verdad, pase lo que pase. Para ellos, decir la verdad es *lo más amoroso que pueden hacer*. En su sitio web original, hallábamos la sección "En números". Inmediatamente debajo de una línea que decía "16 000 000 000: son las personas que Dios mató en el diluvio", veíamos esto: "0: nanosegundos de sueño son los que perdemos los miembros de WBC en tus opiniones y sentimientos".[4]

¿Cómo alguien puede decir que ama a otros seres humanos mientras que en la misma frase dice que no le importan sus opiniones y sentimientos? Yo sé cómo: cuando enmascara su miedo a la inseguridad con ayudar a que otras personas conozcan la verdad.

No estoy seguro de usar a WBC como un ejemplo. Puede que sea el más claro y absurdo de todos, sin embargo, nos exime de las formas en que juzgamos a los demás y lo llamamos amor. Y todo lo que tenemos que hacer para justificarnos es sacar la vieja y confiable frase de Pablo de la estantería: "Pero solo estoy diciendo la verdad en amor".

Observemos algunos ejemplos menos extremos con los que podemos toparnos alguno de estos días:

- Cuando alguien te injuria en fiestas familiares por no estar de acuerdo con su opinión política, está usando "hablar la verdad en amor" como un arma.
- Cuando alguien le dice a una pareja que convive (y que apenas conoce) que están viviendo en pecado,

está usando "hablar la verdad en amor" como un arma.
- Cuando un padre echa de la casa a su hijo o hija LGBTQ, está usando "hablar la verdad en amor" como un arma.
- Cuando un amigo poco a poco deja de responderte los mensajes porque ahora crees en la evolución, está usando "hablar la verdad en amor" como un arma.

"Hablar la verdad en amor", en cambio, debería significar que a lo largo del tiempo nos hemos ganado el derecho a compartir nuestras opiniones y valores con otros. Si no hemos demostrado amor real y tangible a alguien, no podemos decir la verdad, sin importar lo que salga de nuestra boca. Es una imposibilidad, porque la verdad es amor. Podemos dar nuestra opinión, que puede o no ser acertada. Vaya, incluso podemos arrojar hechos en la cara de las personas. Pero si no estamos *en amor* con la persona que tenemos enfrente y no estamos demostrando amor de ninguna forma real y práctica, yo diría que no estamos diciendo la verdad como la Biblia la presenta.

DECIR LA VERDAD ESTANDO EN AMOR

Recientemente, un amigo mío vino a verme por un problema. Debido a que fui pastor durante años, muchos de mis amigos aún recurren a mí con sus problemas de fe, ética, Biblia o relaciones. Estoy agradecido de ejercer ese rol para ellos. El problema es que su hija está durmiendo con su novio, y él siente que esto es pecado. Su esposa le ha dicho que si hace demasiado escándalo, perderá la relación con la muchacha, pero él se siente en la obligación de dejarle saber cuáles son sus convicciones.

Para resumir, siente que está batallando en el tire y afloje entre la verdad y el amor. Vino a mí llorando y me preguntó qué opinaba, qué debía hacer. Mi respuesta fue "Ama sin juzgar". Le pregunté por qué sentía la necesidad de asegurarse de que su hija supiera qué cosas aprobaba o no en su vida. Ella no había pedido su opinión. Y, más importante, siendo que ella había crecido en su casa, le dije que de seguro ella ya sabía cuál era su opinión y qué cosas valoraba. Ya conocía su opinión sobre la decisión que había tomado, pero no estaba segura de si su papá la amaría y aceptaría incondicionalmente, incluso a pesar de elegir algo que él no aprobaba. Su opinión sobre lo que ella había decidido no estaba en discusión; lo que sí estaba en discusión era su habilidad para amarla aun si realizaba una decisión que iba en contra de la suya.

Suspiró aliviado mientras brotaban las lágrimas. Lo había sabido todo ese tiempo. Solo necesitaba que alguien lo destrabara. De alguna manera, había llegado a creer que su deber cristiano era decirles a las personas qué opinaba sobre sus decisiones morales. Había llegado a creer que "hablar la verdad en amor" era decirle a la gente qué era lo que hacía mal. Pero hablar la verdad en amor se trata de demostrar la verdad con tu amor y amar a la gente caminando en la verdad.

En el fondo yace el temor de que si no le decimos a la gente que está equivocada, y si no sienten la incomodidad de nuestro juicio, no tendrán ningún incentivo para cambiar. Pero así no funciona el cambio (ni en la Biblia, ni en psicología, ni en la vida real). Es asombroso que todavía estemos convencidos de que decirle a las personas que están equivocadas sea el modo de traer cambios reales sobre el mundo, a pesar de que casi nunca funcione. He visto cambiar cientos de vidas por seres humanos que han demostrado amor sin juzgar, sin sentirse en la obligación de "hablar la verdad en amor". No he visto cambiar casi ninguna vida cuando se empieza por "hablar la verdad en amor".

Una de mis canciones favoritas de todos los tiempos se llama "Roll Away Your Stone", de Mumford and Sons. Una estrofa ilustra perfectamente lo que quiero decir. Es básicamente un relato breve de la parábola del hijo pródigo. Las dos últimas líneas de la estrofa dicen: "No es el largo camino a casa el que cambiará este corazón, sino la bienvenida que recibo con cada comienzo".

De algún modo, en el cristianismo estadounidense nos hemos llegado a convencer de que, en realidad, es el "largo camino a casa" el que cambiará el corazón de las personas. Pero no es así. Es la bienvenida que reciben, cargadas del amor necesario para darle a alguien otro comienzo.[5]

El influyente psicólogo Carl Rogers dijo, sucintamente: "La curiosa paradoja es que, cuando me acepto como soy, entonces cambio".[6] En psicología se suele denominar "paradoja de aceptación" o "paradoja del cambio".

Cuando intentamos "hablar la verdad en amor", le provocamos un cortocircuito al proceso; les pedimos a las personas que cambien sin que primero se acepten por quienes son. Hacemos todo al revés. No es que las personas no cambien sin el juicio de otros; las personas no cambian sin la aceptación de otros. Esta verdad contraintuitiva es exactamente uno de los puntos que extraemos de la parábola de Jesús del hijo perdido en Lucas 15.

Creo que la Biblia nos dice que la forma más elevada de verdad es la sabiduría, y la forma más elevada de sabiduría es el amor. Así que mi compromiso más elevado es la transformación a través del amor y no a través de conocer los hechos. La gran mentira que hemos vendido en la era moderna es que el único camino hacia la verdad y la transformación es través de la verificación fáctica y de asegurarnos de que las personas sepan que comprendemos los hechos.

LA VERDAD ES UN IDOLO

La Biblia es extraña por donde se la mire. Esta es una buena razón para tener amistades no cristianas que puedan ser honestas cuando comencemos a pensar que es una buena idea cortarle la mano a una mujer porque apretó los testículos de un hombre cuando su esposo estaba perdiendo una pelea (Deuteronomio 25:11–12). Si lees la Biblia una y otra vez desde tu niñez, empiezas a volverte insensible a todas esas cosas.

Siempre me imaginé a los ídolos como extrañas muñecas de piedra que representaban a un dios extranjero. Pero si eso es lo único que piensas cuando te imaginas un ídolo, estarías pasando por alto un aspecto peculiar de la conocida historia del becerro de oro en Éxodo 32.

Empecemos por algunos elementos del contexto. Los israelitas eran refugiados en Egipto. Había habido una hambruna en su tierra y buscaron asilo, que Egipto abiertamente concedió porque habían sido ayudados en su propia hambruna por un israelita llamado José. La administración cambió, y un nuevo faraón tomó el trono. Empezó a temer o a ser precavido (a veces se nos confunden fácilmente) acerca de estos refugiados que se estaban volviendo demasiado numerosos para el gusto de la administración. Le preocupaba lo que sucedería si los israelitas se pusieran del lado de sus enemigos en caso de desatarse una guerra. Así que los esclavizaron, los hicieron constructores de ladrillos y trabajadores del campo: edificaban Egipto con sus espaldas. Es asombroso cuán a menudo el miedo lleva a la esclavitud.

En cualquiera de los casos, los israelitas clamaron a Dios, y Dios los escuchó. A través de demostraciones de poder para derrotar al faraón y a los dioses egipcios, Dios liberó a los israelitas a través de un hombre llamado Moisés. Luego de que vagaran por el desierto unos cuantos meses, Dios apareció de manera dramática en una montaña llamada Sinaí:

> En cuanto Moisés subió, una nube cubrió el monte, y la gloria del Señor se posó sobre el Sinaí. Seis días la nube cubrió el monte. Al séptimo día, desde el interior de la nube el Señor llamó a Moisés. A los ojos de los israelitas, la gloria del Señor en la cumbre del monte parecía un fuego consumidor. Moisés se internó en la nube y subió al monte, y allí permaneció cuarenta días y cuarenta noches.
>
> Éxodo 24:15-18

Es una imagen muy inquietante. Un Dios muy poderoso apareció y liberó a Israel a través de muerte y destrucción. Pasaron dos meses en el desierto y terminaron a los pies de la montaña, que "se sacudía violentamente" (Éxodo 19:18) porque Dios había descendido sobre ella en forma de un fuego tan feroz, que parecía que toda la montaña iba a incendiarse. Ah, sí, y los israelitas tenían que quedarse al pie de la montaña porque, si subían, Dios iba a "arremeter contra ellos" (19:24).

Cuento todo esto a fin de prepararnos para lo que sucedió a continuación. Es en este contexto que Moisés sube a la montaña y no es visto ni escuchado durante cuarenta días. De modo que, cuando llegamos a Éxodo 32 y vemos que el pueblo asume que Dios asesinó a Moisés, parece algo bastante razonable. Después de todo, Dios no se había mostrado tan dócil o estable. La Biblia dice: "Al ver los israelitas que Moisés tardaba en bajar del monte, fueron a reunirse con Aarón y le dijeron: —Tienes que hacernos dioses que marchen al frente de nosotros, porque a ese Moisés que nos sacó de Egipto, ¡no sabemos qué pudo haberle pasado!" (32:1).

Básicamente, las personas querían que Dios se moderara. Entonces, Aarón ideó un plan. Pidió los aretes de oro de todos y la Biblia dice que "los recibió y los fundió; luego cinceló el oro fundido e hizo un ídolo en forma de becerro. Entonces exclamó el pueblo: 'Israel, ¡aquí tienes a tus dioses que te sacaron de Egipto!'. Cuando Aarón vio esto, construyó un altar enfrente del becerro y anunció: –Mañana haremos fiesta en honor del Señor" (Éxodo 32:4-5).

Lo que no entendemos en esta traducción es que Aarón no le estaba presentando *nuevos* dioses al pueblo. Él claramente dijo (en el hebreo queda más en claro): "¡Aquí tienes a tus dioses que te sacaron de Egipto!". Lo sabemos porque lo especifica en el siguiente versículo: "Construyó un altar [...] y anunció: –Mañana haremos fiesta en honor del Señor".

No se supone que este becerro sea un Dios diferente. No es un ídolo común y corriente (una representación de piedra de un dios extranjero). Se supone que es una versión más serena de Yahvé, el Señor.[7]

A menudo, imaginamos a los ídolos como pequeñas estatuas de piedra que los primitivos e ignorantes pueblos antiguos adoraban como dioses. Sin embargo, eso es ingenuo. Los ídolos son algo más complejo. En Éxodo 32, Aarón llamó al ídolo "el Señor [Yahvé]", e incluso se puede deducir su autoridad, ya que *este* Dios es el que liberó a Israel de Egipto. En unos pocos movimientos estratégicos, el Dios terrorífico e impredecible es reemplazado con un Dios que hemos amansado y controlado. Los ídolos no son *otros dioses* sino Yahvé disfrazado. El ídolo más tortuoso y peligroso es aquel que aceptamos cuando reemplazamos al salvaje e impredecible Yahvé por un Dios que podemos entender y que sirve a nuestra profunda necesidad de sentirnos seguros, certeros y en control.

Creo que la verdad absoluta se ha transformado en uno de los becerros de oro de la iglesia. Sé que lo fue para mí. Lenta y disimuladamente, reemplacé a Dios con la *sensación de estar en lo correcto*. Reemplace a Yahvé con la *sensación de estar arraigado en la verdad absoluta*. Cuidado con enamorarse de las vacas.

No ayudó para nada que mis primeras experiencias en la escuela dominical presentaran a una maestra bienintencionada que se paraba al frente, sostenía la Biblia, y la proclamaba como la Palabra de Dios. Las personas de seis años de edad no son muy buenas reconociendo la diferencia entre Dios y la Palabra de Dios. Y así, la Biblia se volvió un becerro de oro. Era como si mi maestra de escuela dominical fuera mi Aarón, que sostenía la Biblia para decir: "Aquí está tu Dios, que te sacó de Egipto". Mi experiencia con la iglesia durante la secundaria involucró, una y otra vez, un maestro o maestra bienintencionada que sostenía la idea de verdad absoluta y de creencias adecuadas, y proclamaba, "Este es Yahvé, que te sacó de Egipto".

Como pastor, yo también fui culpable de idolatría cuando sostenía una Biblia y proclamaba: "Esta es la Palabra de Dios, que te saca de la opresión y libera tu vida". Irónicamente, la Biblia únicamente llama "Palabra de Dios" a Jesús. Una Palabra muy difícil de domar. Es muy difícil convertir a Jesús en un conjunto de creencias que se consagran como la verdad. No obstante, lo hacemos. De alguna manera, cuando Jesús dice "Yo soy el camino, la verdad y la vida", pensamos que tiene algo que ver con la Biblia. A lo largo del tiempo, hemos hecho de la propia Biblia un becerro de oro (no a imagen de otro dios, sino a la del mismo Jesús). Puedo recordar las tantas ocasiones en que usé a Jesús y a la Biblia indistintamente. Porque nos proveía verdad, la Biblia podía liberar nuestras vidas. Porque nos proporcionaba certeza, la Biblia nos daba paz.

Somos un pueblo terco. Pero es comprensible que sea así. Seguir los pasos del amor es un asunto peligroso. A lo largo del camino en este viaje hacia el amor verdadero, creamos ídolos, porque los ídolos son seguros. Siempre nos seduce la perspectiva de saber con certeza. En un mundo de cambio y peligro constante, y de una cantidad de información que produce ansiedad, un becerro de oro se siente muy bien.

Cuando Dios es siempre esquivo y nunca aparece directamente, sino siempre detrás de una nube o en un trueno, cuando parece que estamos rodeados por "moiseses" que afirman haber tenido una experiencia directa con Dios y que parecen brillar de confianza, el becerro de oro de la verdad es seductor y prometedor.

Pero, como sucede con todos los ídolos, no puede liberar. Ni literal ni figurativamente. No es el Libertador, y romperá su promesa. Las personas que aseguran poder darte la verdad absoluta canalizan la serpiente de Génesis, que promete atajos para volverse Dios. No hay ningún atajo para ser como Dios, porque no somos Dios.

Cuando quitamos la verdad del pedestal en la que la hemos puesto y comenzamos a darnos cuenta de que lo que creemos, o no creemos, no es tan importante como la manera en que lo creemos, comenzamos a darnos cuenta de que este gran abismo que hemos abierto entre decir la verdad y las acciones amorosas es un error. Es hora de que derribemos al ídolo de la verdad y pongamos en su lugar lo que legítimamente pertenece al corazón de la vida cristiana: el amor.

CAPÍTULO CUATRO

LA VERDAD SIN AMOR NO ES VERDAD

Como hemos establecido, las creencias son herramientas que pueden ser utilizadas para controlar o para amar. Creer en lo *correcto* no nos dice mucho. Pero es atractivo porque es fácil. Ya en la Biblia vemos a personas diciendo que lo que importa es lo que crees. Sobre este tema, Santiago expresa lo siguiente:

> Hermanos míos, ¿de qué le sirve a uno alegar que tiene fe, si no tiene obras? ¿Acaso podrá salvarlo esa fe? Supongamos que un hermano o una hermana no tiene con qué vestirse y carece del alimento diario, y uno de ustedes le dice: "Que le vaya bien; abríguese y coma hasta saciarse", pero no le da lo necesario para el cuerpo. ¿De qué servirá eso? Así también la fe por sí sola, si no tiene obras, está muerta.
> Sin embargo, alguien dirá: "Tú tienes fe, y yo tengo obras".
> Pues bien, muéstrame tu fe sin las obras, y yo te mostraré la fe por mis obras. ¿Tú crees que hay un solo Dios? ¡Magnífico! También los demonios lo creen, y tiemblan.
>
> *Santiago 2:14–19*

Hay muchas personas en mi vida que quieren que les dé una estrellita de oro por creer en Dios. "Bien por ti –dice Santiago–; los demonios también creen. ¿Cuál es tu punto?". O, como dirían los rabinos, "El que solo ocupa su tiempo con el estudio de la Torá es como si no tuviese Dios en absoluto".[1]

Nuestro énfasis en el conocimiento y las creencias en los últimos cien años nos ha engañado hasta hacernos creer que lo importante de la fe cristiana es *pensar lo verdadero*. Esto no podría distar más de cómo la Biblia habla sobre la fe y, francamente, de cómo habla de la verdad. Casi no hay lugares en la Biblia donde se sostenga que la verdad es "creer en la doctrina correcta".

Esto me recuerda *Wall-E,* una película de Disney del 2008. En ella se muestra que la Tierra se ha convertido en un basural, y los humanos están viviendo en una nave espacial lujosa llamada *Axiom*. La nave espacial está diseñada para que las personas ya no tengan que caminar. Se sientan en sillas flotantes con unas pantallas gigantes frente a ellos y pueden dirigirse a donde quieran sin tener que dar un paso. O, mejor aún, los robots les llevan lo que sea que deseen. Con el tiempo, pierden su habilidad de caminar debido a la obesidad y la falta de ejercicio.

A veces me pregunto si las y los cristianos son un poco como los humanos de *Axiom*. Me pregunto si nos hemos atrofiado, si ya no podemos practicar nuestra fe. A veces pienso que nos hemos convencido de que estamos practicando una fe saludable simplemente por cumplir con una lista de cuatro o cinco creencias que nos aseguran que estamos "adentro" y, a la vez, que quienes no están de acuerdo están "afuera". Si eso es lo que significa ser cristiano o cristiana, entonces no es necesario que caminemos. Simplemente podemos sentarnos en nuestras sillas, frente a nuestras pantallas gigantes. Hemos encontrado una forma de ser cristianos y cristianas sin tener que hacer nada en particular para serlo, excepto marcar mentalmente una lista de pensamientos. A esto digo: "¡Bien por ti! Crees en Dios. Crees en la Biblia. Crees en Jesús. Los demonios también. ¿Cuál es tu punto?".

De alguna manera, nos hemos embaucado a nosotros mismos al pensar que lo *que* creemos es más importante que *cómo* lo creemos. Quizás es tiempo de recordar que el amor es más importante que solo creer en Dios en nuestras cabezas, y entender que el amor es un verbo.[2] Es momento de deshacerse de esas sillas para encontrar formas activas de amar a las personas que nos rodean.

LOS PENSAMIENTOS Y LAS ORACIONES NO SON SUFICIENTES

El 20 de abril de 1999, los estudiantes Eric Harris y Dylan Klebold, de Columbine High School, colocaron bombas caseras en la cafetería de su colegio y luego mataron a tiros a doce de sus compañeros y a un maestro e hirieron a veintitrés personas más. Afortunadamente, las bombas nunca detonaron. En la inmediata conferencia de prensa, el presidente Bill Clinton concluyó sus observaciones, diciendo: "Las oraciones del pueblo estadounidense están con ustedes".

Desde ese entonces, han habido varios tiroteos masivos en Estados Unidos, muchos de los cuales fueron seguidos de ofrecimientos de "pensamientos y oraciones" por parte de varios políticos. El punto de inflexión para la aceptación de los medios sociales se produjo después del tiroteo de Umpqua Community College, en octubre de 2015, que dejó un saldo de ocho estudiantes y un profesor muertos. Un análisis de los datos de Twitter mostró que el 49 por ciento de los usuarios de las redes sociales criticaron la expresión, un número más significativo que el 23 por ciento después del tiroteo en Charleston, en junio de 2015. El presidente Obama resumió la opinión de la gente en una conferencia de prensa en respuesta al tiroteo: "Nuestros pensamientos y oraciones no son suficientes. No lo son. No capturan la angustia, el dolor y la ira que deberíamos sentir, y no hacen nada para evitar que esta carnicería se infrinja en otro lugar de Estados Unidos la semana que viene o dentro de un par de meses". Para el tiroteo de Santa Fe, en 2018, el 90 por ciento de los usuarios de redes fueron críticos hacia quienes ofrecieron "pensamientos y oraciones" como respuesta a los tiroteos masivos.[3]

En marzo de 2019, un hombre atacó una mezquita en Christchurch, Nueva Zelanda. Mató a cincuenta y un personas e hirió a otras cuarenta y nueve. Un mes después de lo que fue el primer tiroteo masivo de su historia, los políticos de Nueva Zelanda se unieron y votaron 119 a 1 a favor de la prohibición de armas semiautomáticas de estilo militar.[4]

Jesús dijo lo siguiente en Marcos 12:30-31: "'Ama al Señor tu Dios con todo tu corazón, con toda tu alma, con toda tu mente y con todas tus fuerzas'. El segundo es: 'Ama a tu prójimo como a ti mismo'. No hay otro mandamiento más importante que estos". ¿Qué gobierno actuó como un prójimo? ¿Cuál amó? ¿Fueron los políticos que "creían" que matar personas estaba mal y ofrecieron sus oraciones? ¿O fueron quienes exhibieron verdadero amor a través de sus acciones?

Así como los políticos que, finalmente, comenzaron a ser objeto de intensas críticas por responder a los tiroteos masivos en Estados Unidos con *pensamientos y oraciones* en lugar de hacerlo con acciones decisivas, no son las creencias que mantenemos las que determinan la verdad del cristianismo, sino cómo vivimos nuestras vidas. En definitiva, no son nuestros pensamientos y oraciones los que importan sino nuestras acciones decisivas.

Ahora, la mayoría no somos políticos capaces de crear normativas para implementar cambios. Sin embargo, yo también hago exactamente lo que critico de los funcionarios.

Las redes sociales alientan el mito de que estamos definidos por las opiniones que tipeamos. Pero, cuanto más viejo me pongo, menos interesado estoy en qué tan bien pueden escribir sus creencias las personas frente a una computadora y más interesado estoy en la tenacidad con que se esfuerzan por pulir su existencia moral. Me impresiona cuando alguien se puede levantar todos los días, determinado a ser un mejor ser humano de lo que él o ella fueron ayer. Tipear qué "causas defendemos" es fácil. Pero amar bien no lo es. No estoy en contra de expresar nuestras opiniones, claramente. Solo estoy en contra de pensar que hacerlo constituye, como acto en sí mismo, una vida ética. Puede que pensemos que volvernos el tipo de personas que queremos ser es tan fácil como escribirle "yo también" a las personas con quienes acordamos y "estúpidos" a aquellos con los que no. Eso es solo una distracción del verdadero trabajo de ser humanos. Yo estoy listo para trabajar.

No es un accidente que escogiera un ejemplo político para debatir este punto. Además de la religión, la única otra área que conozco donde se pelea tanto sobre las opiniones es la política. Para muchos y muchas, nuestra fe comunica nuestros posicionamientos políticos, así que no es ninguna sorpresa que estén tan relacionados.

Te ruego que aprendas a amar a tu enemigo político. Y si tu impulso es pensar que la forma más grande de amor es convencer a alguien de que se pase a "tu lado", por los medios que sean necesarios, te pediría que lo reconsideres.

La idea de "hablar la verdad en amor" ha sido tomada cautiva por esta cultura más amplia, donde lo bueno que somos como personas consiste simplemente en tener la opinión correcta sobre un tema y hacérselo saber a la mayor cantidad de gente posible.

Los nuestros nos palmean la espalda cuando decimos algo negativo a los del "otro lado", y somos rechazados cuando decimos algo sobre el terreno común en el que nos encontramos.

No estoy sugiriendo que aprender a amar a nuestro prójimo

sea fácil. Sin embargo, estoy bastante seguro de que aprender a amar a nuestro enemigo es más difícil. Pero pienso que parte de la respuesta es empezar a creer que el *cómo creemos* revela nuestro amor tanto como, sino más, que en *qué creemos*.

Hemos privilegiado el *qué* de nuestra creencia en lugar del *cómo*. Y, nos guste o no, el contenido de nuestra creencia, en la medida en que sea solo cerebral, no tiene ningún impacto en las personas que nos rodean. Lo que importa en última instancia es la forma en que implementamos y encarnamos nuestras creencias.

Cuando era pastor, solía almorzar una vez al mes con mi amigo Josh. Conocí a Josh porque vino a la clase que mencione anteriormente (Solo Para Escépticos). Él era ateo, pero su familia era cristiana, así que iba a la iglesia para apoyarla. Nos dimos cuenta de que teníamos una buena conexión y éramos buenos compañeros de conversación, así que comenzamos a almorzar regularmente. De Josh aprendí muchas cosas que creo que pueden ayudarnos a amar mejor a los cristianos y cristianas.

Un gran ejemplo es cómo él apareció en nuestra iglesia cada semana. Amaba con sus manos y pies al sacrificar sus propias creencias por su familia. Ahora, cuando digo "sacrificar" no quiero decir "renunciar" a sus creencias y comenzar a creer en Dios. No, me refiero a que renunció a sus mañanas de domingo: se despertaba temprano un día en que podría dormir, para apoyar la fe de su esposa en un Dios en el que él no creía. E incluso, cada semana pasaba tiempo con quienes era como ella.

¿Cuántos de nosotros y nosotras tenemos personas cercanas en nuestras vidas que no tienen nuestras mismas convicciones políticas ni religiosas? Me resulta difícil amar a personas que no conozco. Conocer a quienes no son como nosotros y nosotras es un gran paso hacia amar a las personas con nuestras manos y pies, es mucho más que solo pretender amarlos por tener las opiniones adecuadas.

¿En qué área podríamos considerar sacrificar nuestras creencias por otros humanos? De nuevo, no quiero decir "renunciar" a nuestras convicciones, sino priorizar amar y presentarnos en lugares y espacios que nos hacen sentir incómodos, que van en *contra* de los principios de nuestras creencias, para demostrar apoyo a quienes son diferentes a nosotros y nosotras, pero merecen cada pedacito de nuestro amor, porque están hechos a la imagen de Dios.

Tenemos un buen ejemplo de esto en Jesús, quien pasó mucho tiempo con personas con las cuales no estaba de acuerdo a un nivel político y moral fundamental. Por ejemplo, Marcos 2:15 reza: "Sucedió que, estando Jesús a la mesa en casa de Leví, muchos recaudadores de impuestos y pecadores se sentaron con él y sus discípulos, pues ya eran muchos los que lo seguían".

¿Crees que los republicanos pecan por cómo votan? ¿Crees que ser demócrata es pecado? Quizás es tiempo de invitarlos a comer. Y, mientras comen, pregúntate qué significa amarlos bien cuando los mires a los ojos y veas en ellos la imagen de Dios.

LA DIFICULTAD DE SER CRISTIANO

A comienzos de 1800, había un hombre alto con una joroba. Sus pantalones eran demasiado cortos y su agudo ingenio y sarcasmo mordaz lo hacían intrigante y molesto en partes iguales. Creía firmemente que su familia estaba maldita por culpa de su padre y que él y todos sus hermanos morirían antes de los treinta y tres años, la edad de Jesús cuando murió. Esta era una creencia con fundamentos: para cuando tenía veinticinco años, cinco de seis hermanos ya habían muerto, así como su madre y su padre.

Su muerte a los cuarenta y dos, normalmente hubiera parecido una tragedia; pero, en su caso, ya sentía que estaba viviendo tiempo de prestado. Empezó el proceso de ordenación en una iglesia luterana, la iglesia ordenada por el estado en Dinamarca, su país natal, pero nunca lo finalizó. Al menos parte de ello se debió a su mordaz reprimenda a la iglesia, que sentía se había convertido más en un club social que en algo parecido a Jesús. Desde 1841 hasta su muerte en 1850, publicó veintidós libros notables, que hasta el día de hoy continúan influenciando a teólogos, filósofos y pastores. Ese número es más impresionante cuando caes en la cuenta de que todos fueron escritos entre sus veintiocho años, cuando se doctoró en Filosofía, y antes de cumplir cuarenta.

Este hombre fue Søren Kierkegaard, quien insistió en que el cristianismo debía ser más que pensamientos y oraciones, y que la verdad era amor en acción. La Biblia, argumentaba, no conocía ningún cristianismo sobre "creer en una doctrina abstracta", sino que retrataba la verdad de una manera más personal, subjetiva y existencial que eso:

> Cuando Cristo vino al mundo era muy difícil volverse cristiano, y por eso uno no se preocupaba por tratar de entenderlo. Ahora, prácticamente hemos alcanzado tales niveles de parodia, que hacerse cristiano no significa nada en absoluto; sin embargo, es una tarea muy difícil y complicada de entender. Todo está al revés. El cristianismo se transformó en una especie de cosmovisión, un modo de pensar sobre la vida, y la tarea de la fe consiste en entenderla y articularla. Pero la fe, esencialmente, se relaciona con la existencia misma, y lo importante es *convertirse* en cristiano. Creer en Cristo y querer "entender" su camino, expresándolo claramente y profundizando en él, es en realidad una evasión cobarde que elude la tarea. Convertirse en cristiano es lo definitivo, querer "en-

tender" el cristianismo, como si fuera una doctrina, es sospechoso.⁵

En otras palabras, el llamado del cristianismo es a imitar a Jesús, no a tratar de entender la religión. Kierkegaard está señalando cómo, muy lentamente –y probablemente, de manera inconsciente–, hemos hecho del cristianismo un ejercicio mental. Ser un "buen cristiano" se ha convertido en ser capaz de entenderlo y articularlo. Sin embargo, la meta, argumentará, es ser cristiano, no entender la fe. Intenta quitarnos nuestro manto de seguridad y mostrarnos de qué manera intentar tener la razón en realidad nos impide amar como Jesús.

Terminé lastimando a varias personas antes de darme cuenta de lo equivocado que estaba sobre el cristianismo. Creía que los mejores cristianos eran los que más sabían. Resulta ser que los mejores cristianos son los que aman más, sin importar lo que saben o no saben. Para mí fue revelador mirar a mi alrededor y descubrir que las personas más sencillas pero más felices de mi congregación eran las que más amaban. No se quedaban en los matices de la moralidad o los profundos acertijos teológicos; simplemente creían en las palabras de Jesús, aceptaban y amaban a todos y todas. No eran las personas más inteligentes de mi congregación las que aparecían con artículos para donar a la colecta local de alimentos. No eran los más educados lo que nos invitaban regularmente a cenar a mí y a mi familia para asegurarse de que nos sintamos apoyados. Era la gente que, cuando trataba de hablar de teología, levantaba su mano y decía: "No entiendo. Suena complicado".

Si vamos a movernos hacia una vida de amor, tendríamos que empezar por desmantelar nuestra dependencia de "necesitar saber". Como dice Kierkegaard en otra parte: "verdad en el sentido de que Cristo es la verdad, no consiste en una suma de proposiciones, ni en una determinación conceptual y cosas similares, sino que es una vida. El ser de la verdad no es una duplicación directa del ser relativo como sucede en el pensamiento… No, el ser de la verdad es la duplicación en ti, en mí, en él, de manera que tu vida, la mía y la suya, en el esfuerzo de aproximarnos a ella, exprese la verdad; que tu vida, la mía y la suya, en el esfuerzo de aproximarnos a ella, sea el ser de la verdad, como la verdad era en Cristo: una vida, pues Él era la verdad. Y por eso la verdad, entendida cristianamente, no es lo mismo que saber la verdad, sino ser la verdad".[6]

Nuevamente, resume: "A lo que me estoy refiriendo […] es simple y llanamente a saber que la verdad para el individuo particular es solamente verdad en tanto y en cuanto el individuo mismo la produce en acción".[7]

Desde 2017 he sido coanfitrión de un *podcast* junto al académico bíblico Peter Enns, llamado *The Bible for Normal People*. Desde que iniciamos el proyecto, hemos tenido conversaciones increíbles con artistas, pastores, eruditos, líderes influyentes y personas comunes sobre las creencias cristianas y las enseñanzas bíblicas.

Como resultado, con frecuencia las personas me preguntan qué creo sobre Dios y la Biblia. Mi respuesta es la más genuina que puedo esbozar: no lo sé. Así es. No sé qué creo sobre toda la doctrina alrededor de la Biblia y Dios. Probablemente obtengas una respuesta más precisa si le preguntas a las personas que más me conocen. Aprendí hace mucho tiempo que me autoengaño demasiado para responder esa pregunta honestamente.

Por ejemplo, ¿creo en la resurrección de Jesús? La mayoría de las veces preguntamos eso, esperando responder con base en una idea que tenemos en la cabeza. Como si eso fuera lo que importa. Una pregunta mejor es "¿Confiamos en la resurrección de Jesús?". Para ser honesto, tal pregunta que solo puede ser contestada al observar el comportamiento de alguien. De otro modo, en lugar de que la resurrección sea algo que transforma la vida de las personas y cambia cómo nos tratamos unos a otros, se vuelve un hecho que simplemente marcamos de una lista mental. "Creer" en la resurrección no es un asunto de decir "Sí, lo creo", sino que se trata de vivir una vida de resurrección que busque la resurrección en nuestra vida cotidiana:

- Cada vez que veo a alguien y me siento mejor persona que él o ella, demuestro que no confío en la resurrección de Jesús.
- Cada vez que me siento incómodo o incómoda cuando me siento al lado de una persona transgénero en un avión, demuestro que no confío en la resurrección de Jesús.
- Cada vez que insisto en mis maneras sin considerar las necesidades de mi esposa, demuestro que no confío en la resurrección de Jesús.

¿Qué le importa al mundo y a las personas a mi alrededor si marco en mi mente "creer en la resurrección de Jesús" como un hecho que no le aporta nada a cómo vivo mi vida? Cuando alguien me pregunta "¿En qué crees?", estoy más inclinado a responder qué desearía creer en lugar de qué creo. Si te guías por lo que tienes en la cabeza, ¿cuál es la diferencia entre lo que realmente crees y lo que desearías creer? Casi ninguna.

LA VERDAD ES AMOR EN ACCION

Es la Biblia misma la que nos llama a regresar a este entendimiento de la verdad. Juan (en su evangelio, al igual que en sus cartas: 1, 2 y 3 Juan) usa la palabra *verdad* más que cualquier otro escritor en la Biblia. Ni una sola vez lo hace para referirse a "creencias acertadas". Sino que una y otra vez, la usa para animar a los cristianos y cristianas a "caminar en la verdad".

En 1 Juan 1:6, el autor escribe: "Si afirmamos que tenemos comunión con él [Jesús], pero vivimos en la oscuridad, mentimos y no ponemos en práctica la verdad". ¿Lo captas? Mentimos y no ponemos en práctica la verdad. Yo pensaba que solo debíamos *creer la verdad*. Bueno, Juan no habrá recibido la notificación. También escribe: "Queridos hijos, no amemos de palabra ni de labios para afuera, sino con hechos y de verdad" (1 Juan 3:18).

Una de sus metáforas favoritas es la idea de que no *creemos* la verdad; *andamos* en ella: "Mucho me regocijé porque he hallado a algunos de tus hijos andando en la verdad, conforme al mandamiento que recibimos del Padre" (2 Juan 1: 4, RVR1960). Y, nuevamente, escribe: "No tengo yo mayor gozo que este, el oír que mis hijos andan en la verdad" (3 Juan 1: 4, RVR1960). En otras palabras, la verdad no es un pensamiento que tenemos en nuestras cabezas sino una acción que vivimos en el diario andar.

Me sorprendió un poco encontrar que, de todas las apariciones de la palabra *verdad* en la Biblia, tanto en el Antiguo como en el Nuevo Testamento, solo en las cartas a Timoteo y a los Tesalonicenses se desprende algo así como "es importante defender ideas precisas sobre Jesús".[8] Y no es sorprendente, ya que la Biblia no estaba terminada mientras se escribía, de modo que hay cero referencias a la importancia de defender ideas precisas sobre ella.[9]

¿Cómo piensa la Biblia a la verdad? No es una creencia abstracta, sino un conjunto concreto de comportamientos hacia otras personas y hacia Dios. Es amor en acción. Veamos algunos ejemplos.

La manera más común en que la Biblia usa la palabra *verdad* es para hablar sobre la *fidelidad* y *fiabilidad*, las cuales, si lo piensas, son dos caras de la misma moneda.

Este es el primer uso de la palabra más comúnmente traducida como "verdad" en la Biblia: "Entonces el criado de Abraham se arrodilló y adoró al Señor con estas palabras: 'Bendito sea el Señor, el Dios de mi amo Abraham, que no ha dejado de manifestarle su amor y *fidelidad*, y que a mí me ha guiado a la casa de sus parientes'" (Génesis 24:26-27, itálica agregada).

Observa que la palabra *verdad* no aparece. Ni siquiera es traducida como "verdad" en la traducción NVI; se traduce como "fidelidad". Eso debería darnos una pista de lo que a menudo significa el término en su contexto.[10] La verdad es un rasgo de la personalidad, no una idea abstracta. Como vemos, la razón por la que decimos la verdad no es para asegurarnos que las personas tengan una imagen precisa del mundo real, sino para que podamos ser contados entre los que no engañan a otros, sino entre quienes son fieles. El deseo real, especialmente en el Antiguo Testamento, no es que la gente tenga razón sobre cómo funciona el mundo en toda su complejidad histórica y científica, sino que vivan como se debe –*fielmente*– con otras personas, y no sean mentirosas ni engañadoras.

Puedes observar el mismo contraste cuando alguien dice: "Bueno, técnicamente, no mentí". Si alguna vez lo oíste, sabes que alguien intenta encubrir su engaño con la "verdad". Sin embargo, la Biblia no está tan interesada en los "tecnicismos" como en el carácter y el corazón de la persona que habla.

El Nuevo Testamento también usa como definición fundamental de "verdad" el concepto de fidelidad. Vemos esto en el primer uso de la *verdad* en el Nuevo Testamento: "Maestro –dijeron– sabemos que eres un hombre íntegro y que enseñas el camino de Dios de acuerdo con la verdad. No te dejas influir por nadie porque no te fijas en las apariencias" (Mateo 22:16). En otras palabras, la verdad se trata de la integridad y no de ajustar lo que dices para complacer a otros u otras. Esto se hace claro en Lucas 20:21: "Maestro –dijeron los espías–, sabemos que lo que dices y enseñas es correcto. No juzgas por las apariencias, sino que de verdad enseñas el camino de Dios".

Si consideramos que "fidelidad" es la raíz del significado de *verdad* en la Biblia, entonces, sus derivaciones son ser honesto, justo y fidedigno en tus juicios, y comportarte de manera ética.

Volviendo a 1 Juan 1:6. Vemos de nuevo que la *honestidad*, o *decir la verdad*, es una de las formas en que se utiliza *verdad* en la Biblia: "Si afirmamos que tenemos comunión con él, pero vivimos en la oscuridad, mentimos y no ponemos en práctica la verdad".[11] Esto refuerza la idea de que la verdad no es una creencia, sino una acción. Juan nos dice que necesitamos "vivir la verdad", no solo creer en ella.

En la Biblia, vemos al *testimonio justo y preciso* como uno de los significados de la *verdad*. En Juan 5:31-35, encontramos estas palabras de Jesús:

> Si yo *solo* doy testimonio de mí mismo, mi testimonio no es verdadero. Otro es el que da testimonio de mí, y yo sé que el testimonio que da de mí es verdadero. Vosotros habéis enviado *a preguntar* a Juan, y él ha dado testimonio de la verdad. Pero el testimonio que yo recibo no es de hombre; mas digo esto para que vosotros seáis salvos. Él era la lámpara que ardía y alumbraba, y vosotros quisisteis regocijaros por un tiempo en su luz [LBLA].[12]

Curiosamente, en esta misma sección, Jesús señala que las Escrituras pueden ser piedra de tropiezo. En 5:39-40, dice: "Ustedes estudian con diligencia las Escrituras porque piensan que en ellas hallan la vida eterna. ¡Y son ellas las que dan testimonio en mi favor! Sin embargo, ustedes no quieren venir a mí para tener esa vida".

En otras palabras, cuando nos obsesionamos con tener las creencias correctas y con el pensamiento de que la Biblia es el único lugar donde adquirirlas, podemos perdernos de ver al Jesús que está justo frente a nosotros. Algunos pueden decir: "Pero Jesús ha muerto hace mucho, y el único modo de conocerlo es a través de la Biblia". A eso, respondería: "¿Jesús está muerto?". ¿Qué quiere decir "creer en la resurrección de Jesús" si crees que el único modo de experimentar a Jesús en la actualidad es a través de un libro?

Por último, en algunos pasajes vemos que la *verdad* significa *comportamiento ético*. Por ejemplo, Proverbios 8:7 reza: "Porque mi boca hablará verdad, y la impiedad abominan mis labios" [RVR60]. Y en Isaías 38:3 leemos: "Recuerda, Señor, que yo me he conducido delante de ti con lealtad y con un corazón íntegro, y que he hecho lo que te agrada".

En otras palabras, la verdad no es el opuesto a la falsedad, como podríamos asumir hoy, sino que es el opuesto a la maldad. De hecho, en el ejemplo de Isaías 38, todo está vinculado a la lealtad. Ser leal a Dios se trata de "hacer lo que le agrada a Dios". ¿La palabra detrás de "lealtad" en ese versículo? Adivinaste: es la que en otros lugares se traduce como "verdad".

Juan retoma esto en su famoso pasaje en Juan 3:19-21, donde Jesús está hablando con Nicodemo. Después de brindarnos su famoso "Porque tanto amó Dios al mundo", Jesús dice: "Los que no creen, ya han sido condenados, pues, como hacían cosas malas, cuando la luz vino al mundo prefirieron la oscuridad a la luz. Todos los que hacen lo malo odian la luz, y no se acercan a ella para que no se descubra lo que están haciendo. Pero los que viven de acuerdo con la verdad, se acercan a la luz para que se vea que todo lo hacen de acuerdo con la voluntad de Dios" [DHH].

Debemos *vivir* de acuerdo con la verdad, por lo que Jesús claramente se refiere a una vida de bondad y de no maldad. Si vivimos de acuerdo a la verdad, no temenos porque no tenemos nada que ocultar. Esto refiere a otro uso de la palabra *verdad* en el Nuevo Testamento: la verdad como *autenticidad*. Pero esta idea es lo suficientemente importante como para que se justifique que tenga su propio capítulo... más adelante.

DESDE LA "VERDAD EN AMOR" AL AMOR VERDADERO

Entonces, ¿qué nos pide la Biblia cuando se trata de la verdad? Casi nunca nos exige "creer en ella", y casi nunca nos pide "estar en lo cierto". De hecho, en la Biblia vemos ejemplo tras ejemplo de personas que se equivocan sobre Dios y Jesús. Queda claro a lo largo de los Evangelios que los discípulos no entienden qué trama Jesús.

La Biblia nos pide que caminemos en la verdad, que se define como:

- fidelidad
- fiabilidad
- testimonio honesto y justo
- autenticidad
- compromiso con hacer el bien

Volvamos a la definición de amor de bell hooks que vimos en el capítulo 2: "La voluntad de extender nuestro yo con el propósito de nutrir el crecimiento espiritual propio o el de otra persona", usando estos ingredientes: "cuidado, afecto, reconocimiento, respeto, compromiso y confianza, al igual que una comunicación honesta y abierta".[13] Si buscamos estos usos de la verdad en la Biblia y los comparamos con los ingredientes del amor que nos provee bell hooks, veremos una superposición profunda y significativa:

- compromiso *como* fidelidad

- confianza *como* fiabilidad
- honestidad *como* testimonio honesto y justo
- comunicación abierta *como* autenticidad
- cuidado, afecto, y reconocimiento *como* compromiso a hacer el bien

Así es. En la Biblia no existe tensión entre la verdad y el amor, porque si miramos lo suficientemente cerca la manera en que la escritura *en realidad* habla del amor, hay una superposición significativa, casi al punto de que estos elementos no pueden ser separados.

Si creciste como cristiano o cristiana en los noventa, puedes haber sido parte de una subcultura gloriosamente extraña. Había un grupo de musculosos itinerantes que podían romper guías telefónicas, bloques de hielo y bates de béisbol por la mitad, todo por Jesús. De hecho, fui bautizado por un grupo de ex-luchadores y jugadores de fútbol. Había series televisivas como *McGee and Me!* y programas de radio como *Adventures in Odyssey*. Luego estaba la música (Audio Adrenaline, Newsboys y el pináculo de la música cristiana noventosa: DC Talk). Uno de sus hits era "Luv Is a Verb" y tenía líneas poéticas tales como "Y hey, ahí fue que entendí que el amor es un verbo".

El argumento de la canción, claro, es que el amor es más que lo que nos decimos. Como escribe el apóstol Juan: "Queridos hijos, no amemos de palabra ni de labios para afuera, sino con hechos y de verdad" (1 Juan 3:18). DC Talk cantaba para recordarnos a las y los cristianos que no debemos tomar el amor a la ligera. Decimos que amamos comer en McDonald's, el nuevo Walkman y Zach Morris. Amamos el helado, caminar en el parque y ejercitarnos, y las últimas tenis Reebok Pump. El amor se volvió algo que *decimos*, no algo que *hacemos*. Sin embargo, la Biblia nos recuerda que el amor verdadero no sucede solo con palabras, sino también con acciones.

Hace algunos años me di cuenta de que puede decirse lo mismo de la "verdad". Pensamos que la verdad es un sustantivo. Una cosa. Externa. Pero lo que vemos en estos versículos de Juan es que, para la Biblia, la verdad no está en nuestra cabeza sino en nuestras manos y pies. En la Biblia no hay mucha conversación alrededor de si una historia es verdadera o no. Pero lo que sí tenemos es mucho terreno ocupado por la pregunta "¿Caminamos de manera fiel?".

En la Biblia, la verdad es una categoría ética, no intelectual. Es una categoría *relacional*, no individual. Vemos esto en la declaración de Pablo en Efesios 4:15 sobre "hablar la verdad en amor".

Esta tensión que hemos sentido entre la verdad y el amor desaparece cuando consideramos cómo la Biblia define a la verdad. No hay ninguna tensión, porque la verdad es una acción, y la acción más excelsa que podemos realizar para caminar en la verdad es amar a otros y otras. Juan lo dice mejor en 2 Juan 4–6:

> Me alegré muchísimo al encontrarme con algunos de ustedes que están practicando la verdad, según el mandamiento que nos dio el Padre. Y ahora, hermanos, les ruego que nos amemos los unos a los otros. Y no es que les esté escribiendo un mandamiento nuevo, sino el que hemos tenido desde el principio. En esto consiste el amor: en que pongamos en práctica sus mandamientos. Y este es el mandamiento: que vivan en este amor, tal como ustedes lo han escuchado desde el principio.

Tomémonos un minuto para sopesar el argumento que construye el apóstol:

- El Padre ha dado el mandamiento de practicar la verdad
- Este mandamiento no es nuevo sino que lo hemos tenido desde el principio: que nos amemos unos a los otros
- ¿Qué es el amor? Que pongamos en práctica sus mandamientos
- ¿Cuál es su mandamiento? Que vivamos en este amor

¿Todavía es confuso? Parece que Juan camina en círculos. Aunque yo creo que no, porque termina en un lugar diferente de donde parte. Empieza diciendo que el mandamiento de Dios es que practiquemos la verdad. Termina diciendo que el mandamiento de Dios es vivir en amor. Esto, él dice, no son mandamientos sino el mismo amor.

Vivir en el amor *es* practicar la verdad. Y ambas son *acciones*.

EL AMOR ES VERDAD ENCARNADA

El amor es verdad encarnada o, como lo llamaremos en el resto de este libro, amor verdadero. La Biblia no pasa mucho tiempo enfocada en verdades de hecho ni en verdades de significado. Al contrario: señala la importancia del amor verdadero y usa los hechos y significados para mostrarnos esa realidad. La respuesta a nuestra tensión entre la verdad y el amor es ver que estas no son dos metas separadas entre las que divagamos irremediablemente sin esperanza, sino un objetivo y una herramienta para ayudarnos a llegar allí.

Quizás, la verdad no se halle en un libro sino en nuestras vidas. Quizás, leer la Biblia buscando verdad es como leer el manual de IKEA esperando que los hechos alcancen como para que la estantería se arme mágicamente. Quizás, no deberíamos preguntarnos "¿Estoy entendiendo correctamente la Biblia?", sino "¿Qué clase de vida está produciendo leer la Biblia?".

LA PREGUNTA QUE DEBERIAMOS ESTAR HACIENDO NO ES "ESTOY ENTENDIENDO CORRECTAMENTE LA BIBLIA?", SINO "QUÉ CLASE DE VIDA ESTA PRODUCIENDO LEER LA BIBLIA?"

Contra este telón de fondo, empiezo a sentirme avergonzado, en el mejor de los casos, arrogante en el peor, para siquiera preguntarme ¿La Biblia es verdadera?, porque la Biblia nunca responde esta pregunta. Por eso, siempre es raro cuando leo libros que tratan de "probar que la Biblia es verdadera". A la Biblia no parece importarle esta cuestión. Cuando se lo preguntamos, nos ignora y nos contesta con algo mejor: ¿Es tu vida verdadera? Cuando intento poner a la Biblia bajo el microscopio, invierte rápidamente los roles y me coloca a mí en observación. Cuando pretendo observarla desde arriba, me pregunta por qué *estoy* parado debajo de ella.

Observa cómo responde Jesús a las preguntas que se le hacen en los Evangelios. Cuando los fariseos preguntan "¿Quién es mi prójimo?", Jesús no contesta con hechos, sino que cuenta una historia que formula una pregunta mejor: "¿Tu vida refleja el amor al prójimo?" (ver Lucas 10:25–37). Cuando el dirigente rico le pregunta a Jesús "¿Qué tengo que hacer para heredar la vida eterna?", Jesús no contesta con hechos ni creencias, sino con un mandamiento: "Vende todo lo que tienes y repártelo entre los pobres" (ver Lucas 18:18–30).

Y así, cuando preguntamos "¿La Biblia es verdadera?" ella se resiste a contestar. En su lugar, nos pregunta: "¿Estás viviendo sinceramente?". Y si no lo sabemos, podríamos preguntarnos: "¿Estamos librando a las personas, incluyéndonos a nosotros mismos?". Si no es el caso, entonces quizás nuestras creencias no estén tan cercanas a la verdad como creemos.

La verdad es atractiva porque promete un lugar al que arribar, un lugar de descanso. Pero Jesús dice que él nos dará descanso (ver Mateo 11:28). Cuando estamos cansados y agobiados, acudimos a Jesús, no a la seguridad que encontramos al tener la razón en nuestras opiniones (una forma de descanso inestable). Y sabemos que es inestable, por eso luchamos desesperadamente para conservarla. Luchamos contra otras personas que no están de acuerdo con nosotros porque tenemos mucho miedo de perder ese sentimiento de seguridad y protección.

Sin embargo, cuando buscamos descanso en Jesús, que es más grande que nuestras creencias o pensamientos, somos libres para explorar las creencias. Somos libres para escuchar verdaderamente a otras personas y permitir que sean libres. Quizás, esto es lo que quiere decir Jesús cuando expresa que él es "el camino, la verdad y la vida" (Juan 14:6). Jesús encarna el amor verdadero, y si queremos encontrar el camino, la verdad y la vida, debemos seguir su ejemplo, no solo pensar en ideas objetivamente correctas.

Tener nuestra fe puesta en Jesús nos permite ser como el hombre que le dice "Creo; ayuda mi incredulidad" (Marcos 9:24, RVR60). A menudo, hemos tomado esto como "Ayúdame con mi incredulidad", como si la meta fuera movernos desde la incredulidad a la fe. Pero ¿qué si el énfasis está puesto en la ayuda que recibimos, más allá de si estamos en situación de fe o de incredulidad? Si en la Biblia la palabra *fe* tiene que ver con la confianza, entonces es un término relacional, no una palabra abstracta sobre las creencias alojadas en nuestro cerebro. Y podemos leer "ayuda mi incredulidad" bajo una luz completamente nueva.

CAPÍTULO CINCO

SI NO TE LIBERA, NO ES VERDAD

Pasamos horas y horas pensando los nombres de nuestros hijos. Puede que algunos nos hayan llamado "intencionales" a Sarah y a mí, otros puede que nos hayan llamado "detallistas". E incluso puede que otros nos hayan llamado "neuróticos" e "intensos". Si te soy honesto, todos tienen razón.

Con todo, resultó que ser tan inTENCIONales sobre los nombres de nuestros hijos nos llevó a trazar nuestro viaje espiritual con una precisión espectacular. Nuestro hijo más grande, Augustine, fue nombrado así por San Agustin, un famoso (¿infame?) padre de la iglesia que revolucionó la teología durante cientos de años. Nuestro Augustine vino en una época donde yo era ministro calvinista, o reformado, recién graduado del seminario. Si bien tenía muchas preguntas, también estaba bastante seguro de tener muchas respuestas.

Diecisiete meses después, tuvimos a Tov, cuyo nombre proviene de la declaración que Dios hace una y otra vez en la narración de la creación. Dios crea algo y lo llama "bueno" o, en hebreo, *tov*. Esto representó un giro monumental en nuestra teología. Mientras San Agustín veía al mundo y a los humanos como malvados en esencia, empezamos a ver que Dios llama "buena" a la creación. *Quizás,* pensamos, *los humanos no somos totalmente depravados –en lenguaje calvinista preciso–, sino que tendemos a querer lo que está bien* (incluso cuando no siempre sabemos qué significa ni cómo hacerlo).

Con tal descubrimiento, empezamos a ver que mucho del cristianismo que habíamos experimentado se basaba en crear reglas desde el miedo que teníamos a que nuestra naturaleza profundamente pecaminosa se saliera de control. El único camino hacia una buena vida era crear reglas y luego esperar que la culpa estuviese lo suficientemente incorporada como para que controlara nuestro comportamiento y nos mantuviera a raya.

Se había convertido en una religión del miedo. Y cuando hay miedo, hay control. Pero cuando íbamos a la Biblia, nos encontrábamos con que el "amor perfecto echa fuera el temor" (1 Juan 4:18) y que "donde está el Espíritu del Señor, allí hay libertad" (2 Corintios 3:17). No estábamos experimentando libertad, sino miedo a la libertad enmascarado de una noble búsqueda de la verdad.

Diecisiete meses después de la llegada de Tov, vino nuestra única hija, Elletheia. Su nombre es una combinación entre dos palabras griegas que se encuentran en Juan 8:32, donde Jesús dice: "Conocerán la verdad, y la verdad los hará libres". Cuando combinas verdad (*aletheia*) con libertad (*eleutheria*), obtienes Elletheia.

Esta búsqueda de una *verdad que nos libera* nos llevó, en efecto, a la libertad. Sin embargo, como muchos y muchas en este viaje bien saben, al principio, la libertad puede sentirse más como soledad. En su momento, librarnos de una religión de reglas y de "miedo disfrazado de decir la verdad" se sintió revitalizante. Pero, tal como los israelitas que murmuraban una vez que dejaron Egipto, rápidamente pudimos sentir que Dios nos guiaba al desierto a estar solos, a anhelar el agua y la comida de la comunidad, y la conexión con otras y otros.

Seguro, nos dijimos a nosotros mismos, que nuestra vieja forma de ser cristianos nos estaba sofocando y quitando la alegría de nuestras vidas, ¡pero al menos teníamos a muchas otras personas que se estaban sofocando con nosotros! O, como dijeron los israelitas: "¡Mejor nos hubiera sido servir a los egipcios que morir en el desierto!" (Éxodo 14:12).

Sin embargo, una vez que nos orientamos en el desierto, nos dimos cuenta de lo asombroso que es. Nos dimos cuenta de que Dios nos alimentaba todos los días y resultó ser que, cuanto más tiempo pasábamos en el desierto, encontrábamos a más personas que estaban en el mismo lugar que nosotros. Lo que pensábamos que era desolado y desértico, olvidado por Dios, en realidad era un *Burning Man*,[a] donde se alentaba la creatividad, y donde la búsqueda del amor verdadero triunfa por sobre la búsqueda del miedo disfrazado de "decir la verdad".

Y nos dimos cuenta de que allí es donde se encuentra la verdadera vida (entre las reglas de la esclavitud y las reglas de lo establecido, entre Egipto y Jerusalén). Para nosotros, la vida espiritual se trata de encontrar vida en la libertad del desierto, no de huir de lo que había detrás, pero tampoco correr hacia los brazos de otra promesa de certeza y seguridad. Encontramos al Dios de Éxodo, Aquel que no es manso, que no provee un propósito sino su presencia, que no promete abundancia sino lo suficiente; y, para nosotros, ese Dios estaba donde hallamos libertad.

De modo que, nuestro pequeño y feliz accidente, nuestro cuarto hijo, se llama Éxodo.

Pero volvamos a nuestra hija, Elletheia. Cuanto más medito en Juan 8:32, más revolucionario me parece. *"Y conocerán la verdad, y la verdad los hará libres".*

En mi crianza siempre se me enseñó que esto significaba "si crees en las cosas que corresponden, encontrarás la libertad". Lamentablemente, por lo menos para mí, mientras más trataba de creer lo adecuado, menos libertad encontraba. Me sentía atrapado, constreñido, controlado por los predicadores y maestros que

---

a. El evento *Burning Man* (podría traducirse como "hombre ardiente"), festejado en Nevada, Estados Unidos, le debe su nombre a un ritual nocturno en el cual se quema una estatua con forma de hombre. En este festival no se aceptan comercios ni marcas y se promueve la desmercantilización y el aprovechamiento de la energía colectiva de los asistentes, entre otras cosas de esta índole. (N. del T.)

parecían tener el monopolio de las "creencias correctas".

Pero ¿qué tal si ponemos este versículo debajo del microscopio y lo examinamos de cerca? En lugar de pensarlo en términos de "si crees este conjunto de hechos, te sucederá esto", ¿qué tal si nos está dando un *criterio* sobre cómo saber si algo es cierto?

Para decirlo sin complicarse, ¿qué tal si interpretamos que este versículo en realidad nos está diciendo: "Si no te libera, no es verdad"? La verdad no es un conjunto inanimado de hechos. Está activa. Es un agente. Está en movimiento. Es aquello que nos libera. Y, siendo esto así, siguiendo las instrucciones de Pablo en 1 Tesalonicenses 5:21 (RVR60), debemos "examinadlo todo; retened lo bueno". ¿Y cómo podemos examinar si algo es verdad, si es bueno? Pues bien, según Jesús en Juan 8:32, la prueba es esta: ¿Te libera? Si no lo hace, entonces no es verdad.

LA VERDAD NO ES UN CONJUNTO INANIMADO DE HECHOS. ESTA ACTIVA. ES UN AGENTE. ESTA EN MOVIMIENTO. ES AQUELLO QUE NOS LIBERA.

Tendemos a privilegiar la verdad y a enfocarnos en ella como el camino hacia la libertad. Pero, desafortunadamente, perdemos el camino, y la verdad se vuelve el sendero hacia la esclavitud y el control. Debemos reconocer que esta senda traicionó. Creíamos que obtener todos los hechos correctos iba a librarnos, pero, en lugar de eso, empezamos a supervisar los hechos, y nuestras comunidades de fe comenzaron a pensar que amar era lo mismo que criticar a las personas por lo que hacían o dejaban de hacer. Si privilegiamos los hechos, no encontraremos nuestro camino al amor. Pero si privilegiamos la libertad y nos concentramos en ella como camino a la verdad, quizás encontremos nuestra ruta a ambas.

Este es un cambio de rumbo increíblemente importante. En lugar de decir: "Lo que te estoy diciendo es verdad, así que será mejor que lo encuentres liberador", Juan 8:32 puede convertirse fácilmente en: "Prueba lo que te estoy diciendo para ver si es verdad: lo sabrás si te libera".

Pablo da a esta idea un sonoro "amén" en 2 Corintios 3:17 cuando dice: "Donde está el Espíritu del Señor, allí hay libertad". No solo no es verdad si no hay libertad, sino que tampoco es de Dios, y el Espíritu de Dios no está allí.

Esto encaja con otra maravillosa historia que tenemos de Jesús, quien, en su mismísimo primer sermón, lee del rollo de Isaías:

> "El Espíritu del Señor está sobre mí, por cuanto me ha ungido para anunciar buenas nuevas a los pobres. Me ha enviado a proclamar libertad a los cautivos y dar vista a los ciegos, a poner en libertad a los oprimidos, a pregonar el año del favor del Señor".
> Luego enrolló el libro, se lo devolvió al ayudante y se sentó. Todos los que estaban en la sinagoga lo miraban detenidamente, y él comenzó a hablarles: "Hoy se cumple esta Escritura en presencia de ustedes".
> *Lucas 4:18–21*

El Espíritu del Señor está sobre Jesús. Y, como Pablo nos ha dicho, sabemos lo que eso significa: la libertad no está muy lejos. El Espíritu de Dios trae libertad. En Lucas, esta libertad es concreta (libertad para los prisioneros y oprimidos). En Juan, esta libertad es abstracta (libertad de ser esclavos del pecado). Ambas son correctas, y ambas son profundas.

Quizás, esto es en parte lo que Jesús quería decir en Juan 14:6, cuando dijo que él es "el camino, la verdad y la vida". Él es un agente activo de liberación. Y, tal vez, esos tres elementos no están separados. ¿Qué si "el camino, la verdad y la vida" son tres formas de decir lo mismo?

Jesús no está hablando sobre hechos. Está hablando sobre algo más profundo.

Por alguna razón, hemos desvinculado la verdad de la libertad, y gracias a nuestro miedo a que las personas simplemente "corran como locas a pecar", hemos subestimado el valor central que juega la libertad en la vida de fe. Y esta libertad no es abstracta. Es concreta. No es un pensamiento o una creencia, sino una realidad personal y tangible. Nosotros no "creemos en la libertad"; vivimos libremente y actuamos en modos que liberan a otros.

¿Qué significa para una persona ser la verdad? Quiere decir *he venido para liberar a los prisioneros (y cuando lo haga, será verdad)*.

EL AMOR VERDADERO LIBERA

En una entrevista, la maravillosa poeta y humanista Maya Angelou cuenta una historia de cuando se marchó de su casa al quedar embarazada a los diecisiete años.

> El amor libera. No solo retiene (eso es ego). El amor libera.
> Cuando mi hijo nació, yo tenía diecisiete años. Mi madre tenía una casa enorme, con catorce habitaciones. Con solo diecisiete años, fui y le dije: "Me voy". Me preguntó: "¿Vas a irte de mi casa?". Tenía una sirvienta con cama. Le dije: "Si, encontré trabajo

y voy a rentar un cuarto con acceso a una cocina al final del pasillo, y la casera va a ser la niñera".
Me preguntó: "¿Te vas de mi casa?".
Y le contesté: "Sí, señora".
"¿Y te llevas al bebé?".
Respondí afirmativamente.
Ella dijo: "Muy bien. Recuerda esto: cuando te apareciste en el umbral de mi puerta, fuiste criada. Ya sabes la diferencia entre el bien y el mal. Haz el bien… Y recuerda: siempre puedes regresar".
Fui a casa cada vez que la vida me daba un revés y me hacía decir "por favor, ya no más". Iba a casa con mi bebé. Mi mamá nunca insinuó "te lo dije", sino que me decía: "¡Mi bebé está en casa! ¡Cariño! Mamá va a cocinarte algo. Mamá lo hará por ti". ¡Amor! Ella me liberó a la vida. Y continuó haciéndolo…
Mi madre me puso en libertad. Me liberó para decir que, quizás, haya algo valioso en mí, y que, quizás, no sea solo para mí. Eso es amor.[1]

Si lo piensas, es la historia de Dios. "Cuando salgas al mundo, ya habrás sido criado. Sabes la diferencia entre el bien y el mal. Haz el bien. Y recuerda: siempre puedes regresar a casa".

Para mí, esa afirmación encapsula la naturaleza liberadora del amor. Crea espacio para la libertad y no le molesta tal libertad. Permite que las personas tomen decisiones sin sentirnos heridos en nuestros sentimientos cuando no son las que les indicamos.

El amor verdadero no dice "te lo dije", sino "aquí siempre tienes un lugar". El amor verdadero no dice "déjame contarte mi opinión sobre tus elecciones por décima vez", sino "sabes la diferencia entre el mal y el bien; no te controlo, y confío en ti".

La última línea de la entrevista a Maya Angelou también es

increíblemente importante: "Ella me liberó para decir que, quizás, haya algo valioso en mí, y que, quizás, no sea solo para mí".

¿Estamos tratando a las personas en nuestras vidas de tal manera que *por sí mismas* lleguen a creer que tienen algo de valor para ofrecer al mundo? *Esa* es la verdad. ¿Cómo sabemos que es verdad? Porque libera. La verdad es aquello que nos libera. Así que, si no es liberador, no es verdad (no importa cuán preciso sea, no importa cuantas veces lo acompañes con un "digo, nada más" o "solo te estoy diciendo la verdad"). Si lo que expresas no es dicho de modo tal que la otra persona se vaya con una sensación de estar más entera y de ser más valorada, no es verdad.

Aprender a vivir este amor liberador es más difícil de lo que crees. Encontrar el equilibrio en las relaciones –entre aceptación y habilitación, entre pertenencia y crítica constructiva, entre realismo y esperanza– requiere sabiduría. Esta es la lucha por dejar atrás las verdades fácticas y avanzar hacia las verdades de sabiduría.

Siempre voy a estar agradecido a mis padres por representar este balance de amor liberador. Se movieron muy bien en las críticas, porque ellos querían que tuviera un punto de vista apropiado de mí mismo, y en la fe, porque querían que supiera que yo valía y que podía superar mis errores. Por ejemplo, después de cada juego de básquetbol, ellos me dirían todas las maneras en las que había metido la pata y todas en las que me había destacado, pero siempre con un abrazo y una sonrisa que me decían que era amado y aceptado, independientemente de mis fracasos o éxitos.

Mis padres eran buenos para aceptarme y aun así siempre me estaban impulsando a más. Me dejaban saber que sería amado más allá de mis calificaciones, pero que estarían decepcionados si no obtenía notas altas, porque sabían que tenía el potencial para hacerlo. Mostraban preocupación e interés por mis elecciones pero siempre respetaban mi autonomía. Me dijeron que sería responsable de las consecuencias de mis acciones.

Nunca se guardaban sus pensamientos, me daban sus opiniones sobre con cuáles personas pasaba mi tiempo, con quienes tenía citas, y en que gastaba mis días. Hubo ocasiones que podríamos llamar momentos de "honestidad brutal", pero nunca me faltaban el respeto. Durante mi adolescencia, empezaban sus discursos diciendo: "Bueno, es tu vida, pero si fuera yo...". Esa frase tiene mucho valor para mí. Me proveyó de consejo y no de control, de autonomía y no de apatía. Su respeto provenía de su entendimiento intuitivo e implícito de que ellos también eran seres humanos imperfectos, de que sus opiniones no eran la palabra de Dios o la verdad absoluta, sino que lo que querían hacer era compartir su experiencia con otro ser humano al que amaban profundamente.

El amor liberador no es fácil.

EL AMOR LIBERADOR ES DEJAR QUE LAS PERSONAS CREZCAN: ENTRE EL AMOR Y EL CONTROL

El monje budista Thich Nhat Hanh dice: "Debes amar de tal manera que la persona que amas se sienta libre no solo por fuera sino por dentro".[2] Entonces, ¿la libertad es un sentimiento? La libertad es mucho más que un sentimiento (aunque no es menos).

La parte complicada sobre los humanos y la libertad es la estrecha línea entre el amor y el control. Diría que raramente encontraremos una persona que pueda admitir que prefiere tener el control antes que amar. El problema es que los humanos no siempre tenemos la lucidez de darnos cuenta de la diferencia. Queremos usar lo que sabemos para ayudar a otros y otras. Pero, sin darnos cuenta de cuándo, cambiamos, y ese conocimiento puede liberar o controlar. Y creo que estamos de acuerdo con que el amor verdadero no controla. Como dice nuestro viejo amigo Søren Kierkegaard: "Solo la persona que no ama cree que debería desarrollarse controlando al otro".[3]

Una de las ilustraciones más explícitas de "control disfrazado de amor" que me topé está en la película *Enredados*, la reversión de Disney del cuento de hadas "Rapunzel".[4] Gothel, la madre de Rapunzel, la convence de que es por su propio bien que tiene prohibido salir de la torre. Si bien es cierto que Rapunzel está a salvo en la torre, el amor no se trata solo de seguridad. También se trata de libertad. Pero, dado que la vida eterna de Gothel proviene del cabello de Rapunzel, está claro que el verdadero motivo es el control, por lo que la libertad está fuera de discusión. Esto llega a un punto crítico en la canción "Sabia es mamá", que tiene líneas como "Todo lo que tengo es una petición, Rapunzel… Nunca me vuelvas a preguntar si puedes irte de la torre… Te amo mucho, querida".[5]

Si el amor de alguien afirma o controla la libertad, o no, podemos verlo en la intersección entre la *intención* y el *impacto* de ese amor. Si la intención es buena pero el impacto no, y alguien resulta dañado, entonces no podemos decir que lo que acaba de suceder es bueno. Incluso si "sabes" lo que es mejor para alguien más, a menudo lo más amoroso que puedes hacer no es tratar de controlar su vida, sino ayudar a evitar el daño. Con frecuencia, el control es más dañino que las consecuencias de la acción en sí. A veces, forzar lo mejor es lo peor.

Y para hacer las cosas más complicadas, ¿hay alguna diferencia real entre alguien *que se siente controlado*, y alguien *que realmente lo es*? Si consideramos la intención y el impacto de un amor controlador, la diferencia se torna prácticamente invisible. Por esto es que la naturaleza liberadora del amor implica que se tomen en cuenta los sentimientos, como reconoció sabiamente Thich Nhat Hahn.

Una vez, mis suegros estaban cuidando a nuestro hijo Tov cuando tenía 3 años, mientras nosotros hacíamos las compras. Ellos vivían en un complejo privado. Cuando regresamos, lo vimos parado en el portón con su chupete y la funda de la almohada (dos cosas sin las cuales no salía). Lo que no estaba con él era ninguno de sus abuelos. Encontramos a mis suegros dentro de la casa, buscando desesperadamente a su nieto para no tener que explicarle a su hija que lo habían perdido. Resulta ser que se había despertado de la siesta y, simplemente, salió y caminó hasta el portón. No le dijo a nadie. Conociendo su personalidad, probablemente sintió que no era asunto de nadie saber qué estaba haciendo.

En esta instancia, lo bueno para Tov era menos libertad. Hacer que un niño de tres años no deambule por un complejo privado afirma la libertad y el amor de manera apropiada. Ahora que tiene diez, no creo que esté tan claro. Quizás sí. Quizás no. Pero prohibirle a un veinteañero que deambule por un complejo privado no es amoroso; es controlador.

En otras palabras, una forma de medir entre protección y control es ver si respetamos o no la autonomía de la persona y si le permitimos ser responsable de sus elecciones cuando, para él o ella, su decisión tiene sentido.

Las cosas cambian. Nosotros y nosotras cambiamos. Me pregunto si la mayoría aprendimos a amar a los niños y luego pensamos que podíamos trasladar esta forma a los demás. Me pregunto si necesitamos aprender cómo amar a los adultos. Tratar a los adultos como a niños es una de las formas principales en que terminamos por controlar en lugar de demostrar amor verdadero (verdad y amor que liberan). Más bien, respetémonos como adultos responsables por nuestras propias decisiones y luego amémonos, incluso si otros toman decisiones sobre sus propias vidas que nosotros no tomaríamos para la nuestra. El amor verdadero no es gratuito. Es más complicado. Involucra escucha y entendimiento activo y profundo, y aceptación de que las cosas cambian.

CAPITULO SEIS

LA IMPORTANCIA DE TRANSFORMAR EL LINO EN MANTEL

Cuando estaba en la secundaria, uno de mis días favoritos del mes era la llegada del catálogo de Eastbay por correo. Si tienes menos de treinta, un catálogo es como Amazon pero en papel. Es como solíamos comprar las cosas antes de internet. Eastbay era una compañía de calzado, y yo era lo que se podría llamar un "coleccionista de zapatillas deportivas". En mi máximo esplendor, llegué a tener cuarenta y tres pares. Y por "esplendor" me refiero a una neurosis que me llevaba a seguir comprando.

Un día, estaba buscando algo en el armario de mi padre y noté que solo tenía tres pares de calzado: botas de trabajo, botas de fin de semana (recuerden, soy de Texas), y un par de zapatillas deportivas que, probablemente, tenían una década. Le pregunté por qué no tenía más zapatos, asumiendo que todos querrían docenas de ellos abarrotados en su cuarto. Nunca olvidaré lo que me dijo: "No necesito cosas nuevas, siempre y cuando tú y tu hermana tengan lo que deseen". Este es un ejemplo de todo tipo de interacciones con mi padre (él renunciando a cosas y siendo feliz por compartir conmigo y mi hermana).

Recuerdo claramente que salí de su habitación desconcertado. No entendía qué me quería decir. ¿Por qué? No se debía a que no era lo suficientemente inteligente. No era que no entendiera los hechos. Era que no tenía su perspectiva. No lo entendía porque aún no había experimentado el amor que los padres tienen por sus hijos. Anoche, como sucede regularmente, mi esposa estaba preocupada por mi felicidad. Me dijo: "Solo quiero asegurarme de que seas feliz". Cada vez que tenemos esta conversación, mi respuesta siempre es la misma: "Mientras pueda trabajar de lo que me gusta y mi familia sea feliz, yo soy feliz". Una vez que tuve hijos propios y experimenté lo que había experimentado mi papá, el sentido de las palabras que me había dicho veinte años atrás cambió. Ahora solo tengo cinco pares de zapatillas en mi armario y nunca fui más feliz.

Verás, el *hecho* de que mi padre solo tuviera tres pares de zapatos no *significaba* nada para mí. Pero las experiencias de mi vida cambiaron el sentido de esa historia biográfica. Probablemente han moldeado hasta la manera en la que cuento la historia. Los detalles se han desvanecido. Olvidé cualquier otra cosa de la que estuviésemos hablando, y, probablemente, distorsioné las palabras exactas que papá uso. Pero el significado nunca ha sido más profundo. Con la Biblia sucede lo mismo.

CONVIRTIENDO TRIGO EN PAN

En una recopilación llamada *Seder Eliyahu Zuta*, los rabinos cuentan una parábola sobre "un rey mortal que tenía dos sirvientes a quienes amó con amor perfecto":

> A uno dio una medida de trigo y al otro le dio una medida de trigo; a uno [al primero, le dio] un manojo de lino y al otro un manojo de lino.
> ¿Qué hizo el más listo? Tomó el lino y tejió un paño. Tomó el trigo y lo convirtió en harina fina; tamizó cuidadosamente el grano y lo molió. Luego hizo una masa y la horneo, colocó la hogaza en la mesa, la cubrió con el paño, y la dejó allí hasta que viniera el rey. Pero el necio no hizo nada en absoluto.

Al cabo de unos días, el rey volvió a su casa y les dijo a los dos sirvientes: "Hijos míos, tráigame lo que les di". El primero trajo la mesa con la hogaza de harina fina horneada, y con el paño que la cubría. El otro sacó una canasta que contenía un manojo de lino sobre granos de trigo. "¡Ay, qué vergüenza! ¡Ay, qué desgracia!".

¿Qué significa esta parábola? Los rabinos nos dicen: "Así también, cuando El Santo le dio la Torá a Israel, Él la entregó como trigo, a fin de que se convierta en harina fina y como lino, a fin de que se convierta en tela para confeccionar prendas de vestir".[1]

En otras palabras, Dios se decepciona de su pueblo cuando el miedo hace que dejen de reinterpretar la Biblia para hacer algo nuevo y relevante con ella. O, como Karin Hedner Zetterholm resume en su libro *Jewish Interpretation and the Bible*:

> En otras palabras, la parábola [del trigo y el lino] sugiere que las nuevas interpretaciones del texto bíblico no solo son legítimas, sino que son deseables e incluso superiores al producto original. Según este criterio, Dios espera que los humanos busquen nuevos significados, desarrollen y adapten la Biblia a las nuevas circunstancias. Es quien se compromete en tal proyecto quien actúa de acuerdo con la voluntad de Dios, no quien salvaguarda el significado original. El objetivo no es establecer el significado original o literal de un determinado pasaje bíblico, o intentar reconstruir las circunstancias en las cuales fue compuesto, sino más bien interpretarlo y adaptarlo a los tiempos contemporáneos.[2]

Está bien, pero nosotros no somos judíos. Somos cristianos y cristianas. Así que siempre tenemos que hacer una pregunta de suma importancia, que llevé conmigo en forma de pulsera la mayor parte de la secundaria: ¿Qué haría Jesús?

Qué gusto que preguntaras, porque tengo una parábola casi idéntica en nuestra Biblia, en el evangelio de Mateo, cuando Jesús habla del reino de los cielos. Un amo le da monedas de oro a sus sirvientes y luego se va de viaje. Dos de ellos invierten el oro e incrementan el dinero del amo. El último sirviente tiene miedo de perder el dinero, así que lo entierra en el suelo para asegurarse de devolver lo que le había sido dado.

Estas son las palabras que Jesús puso en la boca del amo:

> Pero su señor le contestó: "¡Siervo malo y perezoso! ¿Así que sabías que cosecho donde no he sembrado y recojo donde no he esparcido? Pues debías haber depositado mi dinero en el banco, para que a mi regreso lo hubiera recibido con intereses. Quítenle las mil monedas y dénselas al que tiene las diez mil. Porque a todo el que tiene, se le dará más, y tendrá en abundancia. Al que no tiene se le quitará hasta lo que tiene. Y a ese siervo inútil échenlo afuera, a la oscuridad, donde habrá llanto y rechinar de dientes".
>
> *Mateo 25:26-30*

Dios mío. En la versión judía, Dios tan solo reparte un poco de latigazos verbales y sigue su camino. En la versión cristiana, el latigazo verbal viene acompañado de ser pateado a la acera y de garantía de llanto y rechinar de dientes. Caramba, eso es duro.

No podemos subestimar el poder de esta historia cuando analizamos cómo leemos nuestra Biblia. A la mayoría se nos inculcó el miedo a cambiar el significado de la Escritura para que encaje con nuestras experiencias con Dios. Pero estas parábolas nos dicen que el peligro real es no tomar el suficiente riesgo con la Biblia, esperando que cuando Jesús vuelva, simplemente nos felicite por enterrarla en el suelo y no convertirla en algo más, algo nuevo, diferente.

¿Qué tal si pasamos de estar apasionados por descubrir el "verdadero significado" de la Biblia de hace dos mil años a apasionarnos por crear un "significado fiel" de la Biblia que nos impulse a una vida de amor hoy?

LEER LA BIBLIA ES COMO SER UN CHEF

Este modo de pensar a la Biblia me recuerda al programa de cocina *Top Chef*. Para ser honesto, no miro muchos programas de cocina desde que estoy demasiado ocupado viendo documentales y retransmisiones de *Arrested Developments*. *Top Chef* es una competencia de cocina donde a los cocineros se les dan los mismos ingredientes y se les pide que elaboren un plato en una cierta cantidad de tiempo, y a veces con alguna temática en particular. El programa actualmente está en su temporada número dieciséis y no parece que vaya a terminar.

Lo que amo de la serie es cuán diversos y creativos pueden ser los resultados finales, incluso cuando los participantes inician desde el mismo lugar y con las mismas limitaciones. Cada uno de ellos produce platos con diferentes sabores, texturas y aspectos.

Es exactamente así como necesitamos empezar a pensar sobre la verdad y la Biblia. Piénsalo. Usan los mismos ingredientes (hechos) y, haciendo uso de sus pasiones y habilidades, hacen algo único con ellos (significado), que otras personas pueden saborear como algo rico (sabiduría). En el contexto de estas dos parábolas, los jueces no estarían muy contentos si un participante simplemente dejara los ingredientes tal cual se los dieron y se los presentara así.

JUEZ: "No preparaste nada. Tan solo dejaste los ingredientes en el bowl y los observaste por veinte minutos".

PARTICIPANTE: "No, los estudié y me aseguré de entender por qué estaban allí. Y no quería faltarles el respeto a los productores y asistentes que los ubicaron en su lugar. Quería ser cuidadoso. ¿O acaso está mal ser considerado? Pensé que era más importante conservarlos tal como estaban".

JUEZ: "Pero esto es un programa de cocina. La idea es crear algo nuevo a partir de lo que se te dio".

PARTICIPANTE: "Sí, pero ¿y que si creaba algo horrible? Me avergonzaría mucho. ¡Quizás ni siquiera podría trabajar como chef otra vez! ¿O qué si la cocina se incendiara y lastimara a todas estas personas inocentes?".

JUEZ: "Es que esa es la idea. Siempre existe el riesgo de hacer algo terrible o hacer algo malo que lastime a alguien. Por eso es importante aprender a hacer cosas que no sean terribles y usar las herramientas de una manera que te haga estar seguro de que no lastimarás a nadie. Por cierto, ¿quién va a contratar a un chef que nunca intenta crear algo nuevo o que solo cocina lo mismo una y otra vez?".

Bueno, te das una idea de como sería.

¿Significa que solo porque necesitamos cambiar el significado de la Biblia, podemos hacer que signifique cualquier cosa? No. Es nuestro perfeccionismo el que habla nuevamente. Debemos dejar de pensar en términos de esto/aquello. Hay un lugar muy importante entre "la Biblia solo puede tener un significado" y "la Biblia puede significar cualquier cosa que queramos".[3]

Es como en el programa de cocina: los materiales crudos

están ahí, pero pueden combinarse de docenas, si no de cientos, de maneras distintas. Algunas tienen más sentido que otras. Algunas saben mejor que otras. Algunas son definitivamente malas. Hay todo un espectro de mejores y peores interpretaciones.

¿Qué tal si cambiamos nuestra perspectiva y comenzamos a pensar que interpretar la Biblia de maneras nuevas y creativas –que a veces el autor original no vio o no pretendió, pero que en su conjunto son fieles a la trayectoria de la Biblia y a la tradición de la iglesia– no es irrespetuoso con la Biblia, sino que es una forma de ser fieles a ella?

¿Qué si te dijera que creo que Jesús también cambió el significado de las Escrituras?

USTEDES HAN OIDO

En uno de los sermones más famosos de Jesús, a menudo llamado "el sermón de la montaña", él dice:

> No piensen que he venido a anular la ley o los profetas; no he venido a anularlos, sino a darles cumplimiento. Les aseguro que mientras existan el cielo y la tierra, ni una letra ni una tilde de la ley desaparecerán hasta que todo se haya cumplido. Todo el que infrinja uno solo de estos mandamientos, por pequeño que sea, y enseñe a otros a hacer lo mismo, será considerado el más pequeño en el reino de los cielos; pero el que los practique y enseñe será considerado grande en el reino de los cielos. Porque les digo a ustedes que no van a entrar en el reino de los cielos a menos que su justicia supere a la de los fariseos y de los maestros de la ley.
>
> *Mateo 5:17–20*

Las personas se han preguntado durante mucho tiempo qué quiso decir Jesús con esto. Hay muchos libros importantes (y medio aburridos) sobre la historia de cómo diferentes personas han interpretado estos versículos. Esta es mi opinión: Jesús está por cambiar el significado de su Biblia.

Siempre se me enseñó a pensar en el "cumplimiento" como una especie de clarividencia. Algunas personas antiguas predijeron algo hace mucho tiempo, y luego Jesús cumple la profecía. Pero no se necesita demasiado para demostrar que eso no es lo que Mateo quiere decir con "cumplimiento".

En Mateo 2:13-15, la historia dice que un ángel se le apareció a José, el papá de Jesús, y le dijo que llevara a su familia a Egipto, porque Herodes estaba a punto de emprender un desmadre asesino y matar a un montón de bebés a partir de que oyó que se suponía que uno de ellos crecería y se convertiría en rey. Luego Mateo dice: "Así que se levantó cuando todavía era de noche, tomó al niño y a su madre, y partió para Egipto, donde permaneció hasta la muerte de Herodes. De este modo, se cumplió lo que el Señor había dicho por medio del profeta: 'De Egipto llamé a mi hijo'".

Pero si nos tomamos dos minutos para buscar realmente el dicho profético al que se refiere Mateo, veremos que "el profeta" no estaba hablando de Jesús. Quiero decir, es bastante explícito: "Desde que Israel era niño, yo lo amé; de Egipto llamé a mi hijo" (Oseas 11:1).

La "profecía" de Oseas en realidad está mirando hacia atrás, al Éxodo. ¿Qué *quiso decir* Oseas? Que mucho tiempo atrás, Dios liberó a Israel de Egipto. ¿En qué sentido es un "cumplimiento" de la Biblia que Jesús vaya a Egipto? Mateo cambia el significado de la Biblia para que coincida o encaje con las experiencias y circunstancias de sus días. Él experimentó a Jesús y usa lenguaje, imágenes y símbolos de la Biblia para ser fiel a lo que Dios está haciendo en sus días. Él está diciendo que Jesús es un Nuevo Israel, el Hijo de Dios, de una manera nueva.

Entonces, mantengamos eso en mente cuando leamos la siguiente sección del sermón de Jesús:

> Ustedes han oído que se dijo a sus antepasados: "No mates, y todo el que mate quedará sujeto al juicio del tribunal". Pero yo les digo que todo el que se enoje con su hermano quedará sujeto al juicio del tribunal. Es más, cualquiera que insulte a su hermano quedará sujeto al juicio del Consejo. Y cualquiera que lo maldiga quedará sujeto al fuego del infierno.
> Ustedes han oído que se dijo: "No cometas adulterio". Pero yo les digo que cualquiera que mira a una mujer y la codicia ya ha cometido adulterio con ella en el corazón. Por tanto, si tu ojo derecho te hace pecar, sácatelo y tíralo. Más te vale perder una sola parte de tu cuerpo, y no que todo él sea arrojado al infierno. Y, si tu mano derecha te hace pecar, córtatela y arrójala. Más te vale perder una sola parte de tu cuerpo, y no que todo él vaya al infierno.
> Se ha dicho: "El que repudia a su esposa debe darle un certificado de divorcio". Pero yo les digo que, excepto en caso de inmoralidad sexual, todo el que se divorcia de su esposa la induce a cometer adulterio, y el que se casa con la divorciada comete adulterio también.
> También han oído que se dijo a sus antepasados: "No faltes a tu juramento, sino cumple con tus promesas al Señor". Pero yo les digo: No juren de ningún modo: ni por el cielo, porque es el trono de Dios; ni por la tierra, porque es el estrado de sus pies; ni por Jerusalén, porque es la ciudad del gran Rey. Tampoco jures por tu cabeza, porque no puedes hacer que ni uno solo de

tus cabellos se vuelva blanco o negro. Cuando ustedes digan "sí", que sea realmente sí; y, cuando digan "no", que sea no. Cualquier cosa de más, proviene del maligno.

Ustedes han oído que se dijo: "Ojo por ojo y diente por diente". Pero yo les digo: No resistan al que les haga mal. Si alguien te da una bofetada en la mejilla derecha, vuélvele también la otra. Si alguien te pone pleito para quitarte la camisa, déjale también la capa. Si alguien te obliga a llevarle la carga un kilómetro, llévasela dos. Al que te pida, dale; y al que quiera tomar de ti prestado, no le vuelvas la espalda.

Ustedes han oído que se dijo: "Ama a tu prójimo y odia a tu enemigo". Pero yo les digo: Amen a sus enemigos y oren por quienes los persiguen, para que sean hijos de su Padre que está en el cielo. Él hace que salga el sol sobre malos y buenos, y que llueva sobre justos e injustos. Si ustedes aman solamente a quienes los aman, ¿qué recompensa recibirán? ¿Acaso no hacen eso hasta los recaudadores de impuestos? Y, si saludan a sus hermanos solamente, ¿qué de más hacen ustedes? ¿Acaso no hacen esto hasta los gentiles? Por tanto, sean perfectos, así como su Padre celestial es perfecto.

Mateo 5:21–22, 27–48

Estamos entrenados para pensar en las declaraciones en términos de "es esto o aquello". O bien Jesús está diciendo que la Torá es irrelevante y ahora solo necesitamos seguir las reglas que él dice *o* Jesús no está diciendo nada nuevo en absoluto y debemos tratar de obedecer la Torá del mismo modo en que las personas lo hicieron hace miles de años.

Ambas conclusiones se desvían de la centralidad. Jesús no está enseñando a través de declaraciones de blanco o negro.

El "pero" en la traducción al español es engañoso. Él no está negando la importancia fundacional de estos dichos y textos antiguos; está mostrando su respeto al actualizarlos para sus seguidores. Usando nuestra analogía previa, está tomando los ingredientes y los está mezclando para hacer una nueva receta para su tiempo y a la luz de su propio ministerio.

Jesús empieza esta sección diciendo que él no está aboliendo las instrucciones de sus antepasados, sino cumpliéndolas. Luego procede a citar partes de esas instrucciones y ofrece una nueva interpretación para sus seguidores. Si lees la literatura rabínica, esto es bastante común. Él está diciendo: "Déjame ofrecer una interpretación nueva para estos textos e ideas, basándome en dónde nos encontramos hoy y en mi autoridad".

¿Qué si "cumplir" la Escritura es un acto creativo donde producimos nuevos significados para la Biblia, basándonos en cómo discernimos y experimentamos a Dios en nuestras vidas y nuestra cultura, por lo tanto, manteniéndola viva y relevante en cada generación?

Creo que toda iglesia reconoce la necesidad de hacer esto de alguna forma. Por eso hablamos de "aplicar la Biblia a nuestras vidas". Pero la mayoría de las iglesias tienen miedo de aplicar la Biblia de manera significativa a nuestro mundo actual. Pensamos que hacer referencias a la cultura pop es suficiente como para actualizarse. Sin embargo, no estamos preparando ninguna receta nueva. Solo estamos ensamblando lo mismo una y otra vez, y le ponemos otro nombre.

Propongo que sigamos a Jesús de modos más radicales. Para ser fieles a la Biblia y seguir los pasos de Jesús cuando dice "Ustedes han oído que se dijo... Pero yo les digo", tenemos que actualizar nuestra moralidad, pensamiento y nuestro modo de ser en el mundo a la luz de nuevos hechos y entendimientos que hemos obtenido. De esta manera, estamos obedeciendo lo dicho en la Biblia, no al guardar la letra de la ley sino al estar en consonancia con el Espíritu. Esto es en parte lo que creo que significa cuando Pablo en 2 Corintios 3:3-6 compara una vida de servicio conforme a letras grabadas en "tablas de piedra" con una conforme "al Espíritu"; la primera mata, la última da vida.

Si nos ceñimos servilmente a las letras de una página, estamos siendo como el siervo malvado de la parábola de las monedas de oro o como el siervo menos amado de la historia judía. Si dejamos que gane nuestro miedo a "equivocarnos", es como si estuviésemos diciendo que no confiamos en que el Espíritu nos guíe más allá de la letra. Después de todo, Jesús promete que es el Espíritu quien nos guiará hacia toda verdad, no la Biblia: "Pero, cuando venga el Espíritu de la verdad, él los guiará a toda la verdad, porque no hablará por su propia cuenta, sino que dirá solo lo que oiga y les anunciará las cosas por venir" (Juan 16:13).

¿Es difícil confiar en el Espíritu de Dios invisible que reside en cada uno de nosotros y nosotras y en nuestras comunidades de fe? Absolutamente. ¿Y no es más fácil confiar en un libro que podemos memorizar y analizar que en el contenido de nuestro corazón? Absolutamente. ¿Quién dijo que la fe era fácil?

Esta es la diferencia entre un cristianismo basado en la búsqueda de certezas a través de hechos y un cristianismo basado en la búsqueda del amor a través de la sabiduría. Para algunos y algunas, buscar la certeza a través de los hechos es suficiente. Para mí, sin embargo, se volvió tóxico. Mi vida seguía el patrón *o esto o aquello*. Y cuando traté de poner a la gente en cajas mutuamente excluyentes, resultó que estaba tratando de controlarlos en lugar de liberarlos. Resultó que, mientras trataba de decirles la verdad con amor, solo les estaba dando mi opinión, y no era amorosa.

LA LEY DEL AMOR

Cuando se trata de leer la Biblia a través de los lentes del amor, sucede que hay otra pieza práctica en el rompecabezas. Jesús no nos deja a la deriva cuando llega el momento de reinterpretar la Biblia.

A Jesús le hicieron 183 preguntas y solo contestó tres de manera directa.[4] Menciono esto por dos razones. Primero, porque quiero que todos sepan que, cuando me hacen preguntas realmente difíciles sobre la Biblia y las eludo, no es porque no sepa la respuesta o porque la pregunta me intimide; es porque quiero ser como Jesús. Y también lo digo porque si Jesús solo contesta tres preguntas de manera directa, creo que es realmente importante prestarles atención. Quiero enfocarme en una en particular.

Los pastores de los días de Jesús siempre estaban tendiéndole trampas con sus preguntas. Como dijimos, rara vez las contesta directamente. En Mateo 22, vemos tres historias cortas que ilustran estas trampas. En una (22:23-33), un grupo de líderes religiosos llamados "saduceos" le hacen una pregunta bastante ridícula sobre con quién estará casada una mujer en la próxima vida si ha tenido siete esposos en esta. ¿Por qué es una trampa? Porque los saduceos eran conocidos por no creer en una vida en el más allá. Así que Jesús contesta de manera frontal: las personas no se casarán en la resurrección.

¡Rayos! Nos han fregado una vez más.

Se corrió la voz de que Jesús desarmó totalmente el planteo de los saduceos, por lo que otro grupo religioso decidió intentar hacer que Jesús tropezara; esta vez fueron los fariseos. Uno de ellos, un experto en interpretar la Biblia, dijo: "¿Cuál es el mandamiento más importante de la ley?". Jesús respondió directamente: "'Ama al Señor tu Dios con todo tu corazón, con todo tu ser y con toda tu mente'. Este es el primero y el más importante de los mandamientos. El segundo se parece a este: 'Ama a tu prójimo como a ti mismo". De estos dos mandamientos dependen toda la ley y los profetas" (Mateo 22:36-40).

Para mí, esta se vuelve en la herramienta interpretativa más importante que tenemos de cómo Jesús vio las Escrituras de sus días. Él cita dos versículos del Antiguo Testamento:

- "Ama al Señor tu Dios con todo tu corazón y con toda tu alma y con todas tus fuerzas" (Deuteronomio 6:5).
- "No seas vengativo con tu prójimo, ni le guardes rencor. Ama a tu prójimo como a ti mismo" (Levítico 19:18).

Y luego agrega algo nuevo. El Antiguo Testamento nunca dice que su significado depende de estos dos versículos. Pero Jesús sí lo hace. *Él cambia la significación de estos dos versículos* (y eso es significativo para nosotros). Si vamos a leer la Biblia a la manera de Jesús, seríamos sabios en adoptar su filtro: el amor.

SI VAMOS A LEER LA BIBLIA A LA MANERA DE JESUS, SERIAMOS SABIOS EN ADOPTAR SU FILTRO: EL AMOR.

Lo vemos en 2 Pedro 1:5-8: "Precisamente por eso, esfuércense por añadir a su fe, virtud; a su virtud, entendimiento; al entendimiento, dominio propio; al dominio propio, constancia; a la constancia, devoción a Dios; a la devoción a Dios, afecto fraternal; y al afecto fraternal, amor". Y también en 1 Corintios 13:8, 13: "El amor jamás se extingue, mientras que el don de profecía cesará, el de lenguas será silenciado y el de conocimiento desaparecerá… Ahora, pues, permanecen estas tres virtudes: la fe, la esperanza y el amor. Pero la más excelente de ellas es el amor".

No podemos dejar que la Biblia se quede en el pasado sin más. Tenemos que actualizarla. Tiene que seguir teniendo sentido para nosotros conforme aumenta nuestra comprensión de la ciencia, la moral y la tecnología, y conforme nos relacionamos con nuestra cultura actual. Y en esto Jesús nos da una guía: hay cientos de maneras de interpretar la Biblia, solo asegúrate de que todas lleven al amor.

Todo, y me refiero a todo, es una herramienta hacia el amor. Si algo toma el lugar del amor, es un ídolo que ha robado el lugar de Jesús como la autoridad en tu vida. Nos llevará toda una vida trabajar en qué significa amar bien. Sin embargo, preferiría dedicar mi tiempo tratando de aprehender *esto,* que destinarlo a la averiguación correcta de los hechos. Cuando Jesús dijo que el Espíritu nos guiará hacia toda verdad, dudo que quisiera decir que el Espíritu nos ayudaría en acertar en todos los hechos sobre los misterios de Dios y Jesús; creo que quería decir que el Espíritu nos guiará a medida que avanzamos, a los tumbos, cayendo y volviendo a levantarnos, hacia esta vida de amor.

¿Cuál es el filtro que deberíamos usar para cambiar el sentido? Jesús allana el camino. A menudo, cambia el sentido de las tradiciones antiguas a la luz de una nueva ley: la ley del amor. Ya sea en la declaración de que "El sábado se hizo para el hombre, y no el hombre para el sábado" (Marcos 2:27) o en sus famosos reveses a la Torá "Ustedes han oído… Pero yo les digo", tenemos que tomar seriamente lo que Jesús quiere demostrar: el amor cambia el significado de nuestras tradiciones, experiencias, creencias y estrategias de lectura.

El filósofo Jack Caputo resume el ministerio de Jesús: "Ha guardado una cosa primordial en su corazón: el amor al prójimo y a Dios, que es incondicional, y la esencia y la sustancia de la Torá, y trató a todo lo demás, por más sagrado que fuera a los ojos de los hombres, como hecho por el hombre: condicional, flexible, deconstruíble. Sus periódicos destellos de ira están reservados para quienes confundieron lo segundo con lo primero".[5]

GRACIA PARA NOSOTROS, JUICIO PARA ELLOS

Resulta que no es solamente Jesús quien cambia el significado de la Palabra de Dios. Pareciera que incluso el amor cambia el parecer de Dios acerca de la Palabra de Dios.

Leímos brevemente la historia del becerro de oro, pero nos salteamos una parte curiosa. Moisés subió a la montaña y no fue visto u oído durante cuarenta días. Luego de tanto tiempo, las personas asumieron que Dios lo había matado, así que le pidieron a Aarón que tomara la antorcha del liderazgo. A estas alturas, querían que Yahvé no fuera tan atemorizante e impredecible, de modo que, en lugar de dejar que Dios decidiera cómo revelarse, crearon un becerro de oro y lo llamaron "Dios". Es decir, Moisés era un buen tipo, claro; pero, vamos, el *show* debe continuar.

Mientras tanto, de regreso al Sinaí, asumo que los gestos y suspiros de molestia de parte de Dios eran perceptibles. "Ya me he dado cuenta de que este es un pueblo terco –añadió el Señor, dirigiéndose a Moisés–. Tú no te metas. Yo voy a descargar mi ira sobre ellos, y los voy a destruir. Pero de ti haré una gran nación" (Éxodo 32:9-10).

Me gusta citarle esta línea a mi esposa cuando mi hija insiste en no escucharme y en hacer las cosas a su manera. "Ya me he dado cuenta –le dice Jared a Sarah– que estos niños son un pueblo terco. Tu no te metas. Yo voy a descargar mi ira sobre ellos, y los voy a destruir". Como dije, me tomo la Biblia en serio y cuando crezca quiero ser como Dios.

Bien, debemos regresar a la Biblia. Según este pasaje, Dios intentó destruir a los israelitas.

Moisés le recordó a Dios la promesa que le había hecho, y le hizo cambiar de parecer. Dios había dicho: "Tú no te metas y déjame destruir a este pueblo", pero luego de hablar con Moises, dijo, "El Señor, el Señor, Dios clemente y compasivo, lento para la ira y grande en amor y fidelidad, que mantiene su amor hasta mil generaciones después, y que perdona la iniquidad, la rebelión y el pecado" (Éxodo 34:6-7).

Israel celebró cuán misericordioso había sido Dios con ellos a lo largo de los años. Aunque los israelitas eran "un pueblo terco", Dios seguía cambiando de parecer sobre ellos. Una y otra vez hubo declaraciones de juicio Divino, que se posponían gracias al amor de Dios.

En el 722 a. e. c., los asirios arrasaron con la nación del norte de Israel. Solo dejaron la nación del sur de Judá para que continuase con el legado de la cultura y religión israelita. La capital de Asiria era Nínive. Sí, Nínive. Con este telón de fondo es que debemos leer la famosa historia de Jonás y su desafortunada y pinochesca experiencia con un pez gigante. Este es otro ejemplo de cómo creer que el aspecto más importante de la Biblia son los hechos puede llevarnos a perder el sentido de la mayor parte de la Escritura.

En Jonás 3:4, las palabras de Dios son claras: "¡Dentro de cuarenta días Nínive será destruida!". Y luego, similar a lo que encontramos en Éxodo 34, la opinión de Dios cambia porque los ninivitas se arrepienten, y Dios los perdona (Jonás 3:10).

Lo peculiar aquí es la respuesta de Jonás. Todo es diversión hasta que el amor de Dios comienza a cambiar el propio juicio de Dios hacia las personas que consideramos enemigas. La Biblia dice que a Jonás le disgustó mucho la gracia de Dios (4:1), por lo que oró: "¡Oh Señor! ¿No era esto lo que yo decía cuando todavía estaba en mi tierra? Por eso me anticipé a huir a Tarsis, pues bien sabía que tú eres un Dios bondadoso y compasivo, lento para la ira y lleno de amor, que cambias de parecer y no destruyes. Así que ahora, Señor, te suplico que me quites la vida. ¡Prefiero morir que seguir viviendo!" (Jonás 4:2-3).

La de Jonás es una historia poderosa que llega al núcleo de lo que significa dejar que el amor sea nuestro guía cuando leemos la Biblia. El problema real con "hablar la verdad en amor" es que, al final, queremos gracia para nosotros mismos y juicio para los y las demás. Cuando se trata de otras personas, es importante que "no pongamos en riesgo la verdad", pero, de pronto, se vuelve más importante "mostrar gracia y amor" cuando se trata de nosotros o de los nuestros. Jonás es una parábola condenatoria sobre lo feo que es cuando la autojustificación se disfraza de justicia y cuando la verdad es extirpada del contexto del amor. Decir la verdad siempre está al servicio del amor y nunca debería ser una excusa para juzgar.[6]

CAPÍTULO SIETE

EL AMOR CAMBIA LA VERDAD

Sabes a dónde me dirijo con todo esto. Si el amor hizo cambiar a Dios de opinión, y Jesús cambia el significado de la Biblia gracias al amor, deberíamos abrirnos a lo mismo. Quizás, el amor debería cambiar nuestras ideas y creencias. Es cierto que todo esto puede causarte algo de ansiedad. A mí me pasó. Me gustan las reglas y las instrucciones específicas.

Pregúntale a mi esposa. En nuestros veinte, algunas de nuestras peleas más grandes tenían que ver con la dificultad para seguir instrucciones. Nada me daba más ansiedad que ver, con terror e impotencia, a mi esposa arrojar a un lado las instrucciones de un dispositivo nuevo mientras presionaba botones al azar y se decía a sí misma *me pregunto qué hace este botón*. Me sudan las manos de solo recordarlo. Gracias por hacerme revivir el trauma.

Fuera de chiste, mientras más grande me pongo, más me doy cuenta de que la vida no es en blanco y negro. Las reglas destinadas al bien, si se aplican de forma rígida, pueden causar daño. Las experiencias de la vida me han puesto en muchas situaciones donde me quedé atascado, preguntándome si seguir la letra de la ley o usar el espíritu de la ley. Aprender cuándo seguir la letra o cuándo quebrarla y seguir al espíritu es lo que llamamos sabiduría. Haciendo memoria, la forma en que mi esposa aprende una nueva tecnología no condujo a desastres ni una sola vez. Su forma es más rápida y más divertida, y nos llevó a descubrir funciones que yo nunca hubiera sabido que estaban allí.

Pienso que Jesús, Mateo, Pablo y mucho de otros escritores del Nuevo Testamento se parecen más a mi esposa de lo que quisiera admitir. Estaban afrontando nuevas situaciones y circunstancias. Las instrucciones antiguas eran un gran punto de comienzo, pero esto era nuevo. Tuvieron que descubrir cómo dar un *nuevo* significado a los textos antiguos. Entonces, si nos preguntamos "¿Qué haría Jesús?", también tenemos que admitir que podríamos necesitar aprender a cómo cambiar el significado de la Biblia.

La primera vez que pensé en esto, me pregunté *Pero ¿quién soy yo? Seguro, Dios y Jesús tienen la autoridad de cambiar el significado de la Biblia, pero* yo? Entonces, un día, mientras leía el evangelio de Juan, di con algunos pasajes que cambiaron mi parecer.

Luego de una pequeña introducción, Juan va directo al ministerio de Jesús en los capítulos 2–12. Milagrosamente, Jesús proveyó de comida y vino, caminó sobre el agua, sanó a los enfermos e incluso resucitó a Lázaro de entre los muertos en un momento culminante en Juan 11. Este último acto fue el punto de quiebre para los líderes religiosos (se estaba volviendo muy popular entre la gente, y tenía que desaparecer). La próxima vez que veamos a Jesús en público, será arrestado. Pero, entre la resurrección de Lázaro y el arresto de Jesús (Juan 13–17), y ya con la muerte a la puerta, tenemos una mirada íntima de lo que Jesús les dice a sus discípulos. Los consuela. Es uno de los escasos lugares en toda la Escritura donde Jesús mismo nos dice qué esperar luego de su muerte.

En esta parte, expresa:

> Créanme cuando les digo que yo estoy en el Padre y que el Padre está en mí; o al menos créanme por las obras mismas. Ciertamente les aseguro que el que cree en mí las obras que yo hago también él las hará, y

aun las hará mayores, porque yo vuelvo al Padre.

Juan 14:11–12

Pero les digo la verdad: Les conviene que me vaya porque, si no lo hago, el Consolador no vendrá a ustedes; en cambio, si me voy, se lo enviaré a ustedes... Muchas cosas me quedan aún por decirles, que por ahora no podrían soportar. Pero, cuando venga el Espíritu de la verdad, él los guiará a toda la verdad.

Juan 16:7, 12–13

Estos dos pasajes me dieron vida. O, quizás, es mejor decir que me dieron permiso. A veces podemos sentir que, de alguna manera, todas las personas de los tiempos bíblicos eran inherentemente más espirituales que nosotros y nosotras. Pero aquí en Juan, Jesús pinta un retrato diferente. Al irse, nos dice que nos proveerá al Espíritu de Dios, quien obra de dos formas radicales: nos permite hacer cosas incluso más grandes que Jesús y nos guía hacia toda verdad.

Entiendo que esto quiere decir "no se pueden quedar quietos. Sigan avanzando. Vayan y encuentren más de la verdad de Dios en el mundo, así como hice yo. Y no se preocupen, el Espíritu los guiará". Nota lo que Jesús no dijo. No dijo que la Biblia nos guiaría hacia toda verdad; dijo que el Espíritu lo haría.

Así como vimos en la parábola del amo viajero, quedarse quietos y no crear nada nuevo no es la forma en que debemos respetar al Espíritu de Dios. Lo que creímos que era humildad, en realidad es falta de respeto. El Espíritu de Dios que revoloteaba sobre la faz de las aguas como un agente de creación allí por Génesis 1 sigue rebosante de vida. Ese mismo Espíritu guio a la iglesia a través del imperio romano, a través de la edad medieval, a través de los avances científicos, a través del descubrimiento de la evolución, e incluso a través del apogeo de los *reality shows*.

Quizás es tiempo de reconocer el poder que tiene el

Espíritu para enseñarnos cosas *nuevas*. La misma metáfora del "guía" implica que el Espíritu nos está llevando a un territorio inexplorado. Debemos continuar el legado de Jesús, Pablo, Mateo y todos los escritores bíblicos confiando en que el Espíritu nos guíe hacia *nuevas* verdades sobre Dios.

RAICES Y FRUTOS

La fórmula de Jesús ("Ustedes han oído que se dijo… Pero yo les digo") es muy importante. Él no borra lo oído previamente. No lo esconde y dice: "Esto es lo que realmente quiere decir la Biblia, bobos". Al contrario, expresa: "Sé lo que oyeron. Yo también lo oí. Pero estoy construyendo a partir de eso y adentrándome en un territorio inexplorado". Este es el mejor modelo de interpretación bíblica: estar firmemente arraigados en las raíces de nuestra tradición y, sin embargo, producir nuevos frutos en cada temporada. Es importante empezar con "ustedes han oído" y encontrarnos arraigados en la Biblia. Es *tan importante como* no quedarnos ahí. En cada temporada y cada generación, tenemos que agregar nuestro propio "pero yo les digo", y así incorporar el fruto de nuestra estación. Lo que hemos oído es importante, pero el amor es más importante. Y ese es el trabajo creativo al que tenemos que embarcarnos en nuestro tiempo, día a día.

Según Jesús, el foco debería estar puesto en el fruto, no en demostrarle a otras personas de la iglesia que conocemos nuestras raíces. El sentido de leer la Biblia es producir buen fruto, no alardear delante de las personas cuánto la estudiamos.

En Mateo 7:15–20, Jesús dice:

> Cuídense de los falsos profetas. Vienen a ustedes disfrazados de ovejas, pero por dentro son lobos

feroces. Por sus frutos los conocerán. ¿Acaso se recogen uvas de los espinos, o higos de los cardos? Del mismo modo, todo árbol bueno da fruto bueno, pero el árbol malo da fruto malo. Un árbol bueno no puede dar fruto malo, y un árbol malo no puede dar fruto bueno. Todo árbol que no da buen fruto se corta y se arroja al fuego. Así que por sus frutos los conocerán.

Otro modo de decir lo mismo cuando se trata de la Biblia es que en la práctica cristiana no se trata de *descubrir* qué hay allí "en realidad".

En muchas iglesias a la que fui, e incluso pastoreé, tratábamos de ser respetuosos con la Biblia con mucho ahínco y de ser relevantes para nuestro tiempo y cultura. Sin embargo, como no podíamos –ni siquiera imaginarnos– estar de acuerdo con cambiar el significado de la Biblia, elaboramos diferentes formas de hacer encajar a Pablo en nuestro clima cultural actual y lo llamamos "descubrir lo que *realmente quiso decir* Pablo". Terminamos tachando a Pablo en lugar de entrar en conversación con él. Es tremendamente arrogante pensar que, después de dos mil años, finalmente "entendimos a Pablo". Lo cierto es que exhibimos nuestra propia ética y borramos la voz de Pablo, pretendiendo que nuestra ética es la misma que la suya.

He llegado a aprender que debemos dejar que Pablo sea Pablo y que nosotros seamos nosotros, y confiar que el Espíritu de Dios que obró en los días de Pablo todavía está obrando en nosotros hoy. En la conversación entre Pablo, nosotros y nosotras, y cualquier otra persona que intente desesperadamente descubrir qué significa amar bien en este mundo, la verdad será hallada.

Por ejemplo, cuando era chico, estaba en claro que la Biblia enseñaba que las mujeres no debían estar en posiciones de autoridad por sobre los hombres. Esto, obviamente, se extraía directamente de 1 Timoteo 2:11-14, que dice: "La mujer debe aprender con serenidad, con toda sumisión. No permito que la mujer enseñe al hombre y ejerza autoridad sobre él; debe mantenerse ecuánime. Porque primero fue formado Adán, y Eva después. Además, no fue Adán el engañado, sino la mujer; y ella, una vez engañada, incurrió en pecado".

Mientras que este podría ser el pasaje más explícito sobre el tema, también se daban otras razones bíblicas para justificar que las mujeres no debían ser pastoras. A través del Antiguo Testamento, los hombres tienen una clara prioridad para el liderazgo; lo mismo sucede en los códigos hogareños de Efesios 5, Colosenses 3, y 1 Pedro 3. Para amalgamarlo, hay una conexión implícita entre la jerarquía del hogar y la jerarquía de la iglesia (1 Timoteo 3:4, Tito 1:6).[1]

En 1960, 2, 3% del clérigo eran mujeres.[2] En 2018, ese número se había elevado a un 27% y continuó en escalada.[3] Para julio del 2012, en el Reino Unido el 20% de todos los ministros eran mujeres, y el 71% de los evangélicos estaban de acuerdo con que las mujeres deberían ser elegibles para los mismos roles que los hombres en la iglesia.[4]

¿Qué ha cambiado desde 1960? ¿La gente ha mejorado en el estudio de la Biblia? ¿Los académicos bíblicos hicieron algún gran "descubrimiento"? ¿Los arqueólogos hallaron algún hecho histórico maravilloso que nos hizo cambiar de opinión? ¿O es que ahora comprendemos lo que *realmente* quiso decir Pablo en su carta a Timoteo?

Sugeriría que no. Diría que, dado que reconocemos que "separados pero iguales"[a] no funciona, y que ha habido siglos de sistemas sociales y políticos dominados por los hombres, también reconozcamos que, tal vez, no sea amoroso decirles a

---

a. Fue una doctrina jurídica del Derecho constitucional de Estados Unidos que justificaba y permitía la segregación racial (N. del T.)

las mujeres que no se les permite estar en ciertas posiciones, simplemente porque son mujeres. Conforme el Espíritu de Dios nos ha guiado, hemos arribado a nuevos entendimientos y verdades sobre qué significa ser humano.

Y a medida que esto sucedió, empezamos a enfatizar ciertas partes de nuestra Biblia y minimizar otras. Comenzamos a usar nuestra sabiduría para discernir dónde seguir la letra de la ley y dónde seguir al Espíritu.

Así que, en lugar de que 1 Timoteo 2:11–14 o Colosenses 3:8 se vuelvan nuestro estándar, nos inclinamos más hacia versículos como Gálatas 3:28: "Ya no hay judío ni griego, esclavo ni libre, hombre ni mujer, sino que todos ustedes son uno solo en Cristo Jesús".

Ustedes han oído que se dijo que las mujeres no debían ejercer autoridad sobre el hombre. Pero nosotros les decimos que no hay hombre ni mujer, porque todos somos uno en Cristo Jesús.

Si retrocedemos otros cientos de años, vemos un cambio similar en las creencias sobre la esclavitud. El Antiguo Testamento no condena la esclavitud. Francamente, el Nuevo Testamento tampoco (en absoluto). En Efesios 6:5–8, Pablo escribe:

> Esclavos, obedezcan a sus amos terrenales con respeto y temor, y con integridad de corazón, como a Cristo. No lo hagan solo cuando los estén mirando, como los que quieren ganarse el favor humano, sino como esclavos de Cristo, haciendo de todo corazón la voluntad de Dios. Sirvan de buena gana, como quien sirve al Señor y no a los hombres, sabiendo que el Señor recompensará a cada uno por el bien que haya hecho, sea esclavo o sea libre.

Los abolicionistas admiten que, si se sigue la Biblia al pie de la letra, se debería permitir la esclavitud. Afortunadamente, el Espíritu de Dios los convenció de lo contrario y, al arraigarse en el espíritu de la Biblia, y no solo en la letra, crearon un nuevo significado. En lugar de optar por los que muchos llamarían "la interpretación plana" de Efesios 6:5-8, nos inclinamos más hacia la historia del esclavo Onésimo, que encontramos en Filemón y en Colosenses 3:11, que reza: "En esta nueva naturaleza no hay griego ni judío, circunciso ni incircunciso, culto ni inculto, esclavo ni libre, sino que Cristo es todo y está en todos".

Ese Espíritu de Jesús, aquel cuyo primer sermón fue sobre liberar a los prisioneros, eclipsó el contexto de Pablo en Efesios 6, porque, como hemos establecido, donde está el Espíritu del Señor, hay libertad (2 Corintios 3:17).

Ustedes han oído que se dijo que los esclavos debían obedecer a sus amos. Pero nosotros les decimos que no hay esclavo ni libre, sino que Cristo es todo y está en todos.

¿Cómo puede ser que cristianos y cristianas que admiten la autoridad de la Biblia arriben a conclusiones opuestas a partir del mismo libro? Al ser la Biblia un libro tan diverso, hace énfasis sobre diferentes cosas. Como ya hemos descubierto, el mismo Nuevo Testamento cambia de significado al Antiguo. La Biblia nos invita a la sabiduría porque refleja la vida: ambigua, diversa y abierta a diferentes significados.

Mi sospecha es que el Espíritu de Dios está trabajando de modo similar cuando se trata del entendimiento de la iglesia y la aceptación de los prójimos LGBTQ. Así como nuestra ética se alejó apropiadamente de oponerse a la igualdad de las mujeres y respaldar la esclavitud al cambiar la lente a través de la cual leemos la Biblia, puede estar ocurriendo una modificación similar con respecto a cómo las personas piensan sobre las relaciones LGBTQ. Desde el 2007 hasta el 2015, la aceptación de la homosexualidad en la sociedad por parte de cristianas y cristianos se elevó del 44 al 54 por ciento. Eso incluye al 51 por ciento de los milenials evangélicos.[5] ¡Y pasaron cinco años! Hoy, muchos grupos religiosos apoyan el matrimonio igualitario, incluyendo el 66 por ciento de los protestantes blancos y el 61 por ciento de los católicos.[6]

El Espíritu de Dios se está moviendo de nuevo. Mis experiencias con los cristianos y cristianas homosexuales han sido similares a las visiones de Pedro en Hechos 10 sobre los alimentos puros o impuros. En el Antiguo Testamento, la Biblia era muy clara acerca de los alimentos puros e impuros. Tener una dieta incorrecta era un pecado.[7] Era blanco o negro. Entonces, Jesús se apareció en una visión a Pedro, le mostró una cantidad de animales impuros, y le dijo: "Levántate, Pedro; mata y come". El discípulo estaba horrorizado. A causa de su tradición y de lo que las Escrituras decían claramente, se resistió.

Estoy seguro de que a Pedro se le cruzaron muchos pensamientos por la cabeza. *Esto no puede ser. Probablemente solo me estoy amoldando a la cultura. ¿Qué pensarán las personas? Dirán que estoy cediendo, como dice ese nuevo dicho: 'Cuando vayas a Roma, vive como un romano'. Probablemente, perderé mi posición como líder en este nuevo movimiento.* Quiero decir, la visión solo vino a Pedro; a nadie más. ¿Cómo le explicaría a la gente que las leyes dietéticas que su pueblo había seguido durante cientos de años ya no importaban? ¿Cómo le creerías?

No estamos seguros de qué pensaba, pero, según Hechos 10, le respondió a Jesús: "¡De ninguna manera, Señor! Jamás he comido nada impuro o inmundo". Luego, la voz replicó: "Lo que Dios ha purificado, tú no lo llames impuro".

Ahora, esto en sí mismo muestra algo poderoso sobre cómo puede obrar Jesús. Él cambia el significado de las leyes dietéticas del Antiguo Testamento. Pedro, que tenía un historial de decirle al maestro lo que "se supone que se debía hacer", fue puesto en su lugar. "Lo que Dios ha purificado, tú no lo llames impuro".

Sin embargo, ese no es el fin de la historia. Se vuelve más personal. El texto continúa diciendo que mientras "Pedro no atinaba a explicarse cuál podría ser el significado de la visión", tres hombres fueron a verlo. Esa es una señal de que, quizás, el objetivo de la visión no se trataba solo sobre la comida. ¿Qué más podría significar? Bueno, la historia nos lo dirá.

Estos hombres estaban allí para invitar a Pedro a la casa de un gentil (alguien llamado Cornelio):

> Al llegar Pedro a la casa, Cornelio salió a recibirlo y, postrándose delante de él, le rindió homenaje. Pero Pedro hizo que se levantara, y le dijo:
> —Ponte de pie, que solo soy un hombre como tú.
> Pedro entró en la casa conversando con él, y encontró a muchos reunidos.
> Entonces les habló así:
> —Ustedes saben muy bien que nuestra ley prohíbe que un judío se junte con un extranjero o lo visite. Pero Dios me ha hecho ver que a nadie debo llamar impuro o inmundo. Por eso, cuando mandaron por mí, vine sin poner ninguna objeción. Ahora permítanme preguntarles: ¿para qué me hicieron venir?
> *Hechos 10:25-29*

¿Te diste cuenta? Jesús le mostró a Pedro un montón de animales impuros y le dijo que se los comiera. Seguro, quizás significaba que esas viejas leyes dietéticas no aplicaban más. Pero no es lo que Pedro sacó en limpio de la experiencia. Dijo: "Pero Dios me ha hecho ver que a *nadie* debo llamar impuro o inmundo". Pedro determinó que el significado de la visión no era sobre la comida sino sobre las personas.

Luego, el Espíritu de Dios descendió sobre todos los presentes, incluso los gentiles. "Entonces, Pedro respondió: –¿Acaso puede alguien negar el agua para que sean bautizados estos que han recibido el Espíritu Santo lo mismo que nosotros?

Y mandó que fueran bautizados en el nombre de Jesucristo" (Hechos 10:46–48).

En lo personal, he tratado con muchos y muchas homosexuales cristianos llenos del Espíritu como para negarles el bautismo.

Ustedes han oído que se dijo que un hombre no debe acostarse con otro hombre; es una abominación. Pero nosotros les decimos que Dios nos ha hecho ver que a nadie debemos llamar impuro o inmundo. Nadie es una abominación. Sin lugar a duda, nadie puede interponerse en el camino de su bautismo con agua. Han recibido el Espíritu Santo al igual que nosotros.

Estos cambios en nuestra interpretación pueden explicarse de varias maneras. O bien el "verdadero" significado de estos pasajes ha permanecido oculto por siglos y recién ahora lo estamos descubriendo, o tenemos que luchar con lo que significa la Biblia a la luz de cómo estamos creciendo en sabiduría como iglesia, a través de la experiencia y el aprendizaje de la ciencia, la psicología, la sociología y cómo estamos discerniendo el movimiento del Espíritu de Dios.[8] Tenemos que actualizar qué quiere decir la Biblia a la luz de la mejor interpretación del amor que tengamos disponible. Esto es lo que significa ser fiel a la Biblia, a una vida de sabiduría y de seguimiento de Jesús, quien hizo lo mismo y quien nos dice que la suma total de todas las leyes es una vida de sabiduría que se dirige hacia el amor a Dios, el amor al prójimo y el amor a sí mismo.

SIMPLEMENTE, TOCA

¿Esto quiere decir que podemos cambiar la Biblia para que diga lo que queramos, siempre que podamos justificarlo como amoroso? Esta pregunta me remite a una gran conversación entre Alicia y Humpty Dumpty en *A través del espejo y lo que*

Alicia encontró allí, de Lewis Carroll:

"Cuando *yo* uso una palabra –dijo Humpty Dumpty, en un tono más bien desdeñoso–, simplemente significa lo que yo escoja que signifique; ni más ni menos".
"La cuestión es –dijo Alicia– si *puedes* hacer que las palabras signifiquen tantas cosas diferentes".
"La cuestión es –zanjó Humpty Dumpty– saber quién es el que manda, eso es todo".[9]

Así es como se ve: ¿Quién es el señor absoluto de los significados? Como mencionamos, la verdad de significado es hallada en relación con las personas. Es un diálogo. Preguntar quién es el experto incuestionable es perderse la conversación. Es ese pensamiento perfeccionista que asoma la cabeza una vez más. Si te preguntas si el significado reside *en el escritor original, en ti individualmente, en la iglesia en general o en tu comunidad de fe*, ¡la respuesta es *en todas*!

Estamos juntos y juntas en esta conversación, y es el *amor verdadero* el que nos protege de hacer que la Biblia signifique lo que queramos. Es desde el profundísimo respeto por nuestros compañeros y compañeras de conversación que buscamos significado. Como escribió el académico Hans-Georg Gadame, "las palabras no se 'sostienen' por sí mismas. Ya sean habladas o escritas, su significado solo se comprende plenamente en el contexto de la vida".[10] Joseph Gordon aplica esto a la Biblia en particular: "Cualquier 'cosa' [es decir, la Biblia] está en lo concreto; su autoridad y significado depende de su uso, y su uso ha variado a lo largo de la historia cristiana y es enormemente diverso en las comunidades cristianas contemporáneas".[11]

ESTAMOS JUNTOS Y JUNTAS EN ESTA CONVERSACION, Y ES EL AMOR VERDADERO EL QUE NOS PROTEGE DE HACER QUE LA BIBLIA SIGNIFIQUE LO QUE QUERAMOS.

La Biblia siempre requerirá alguien con quien dialogar para cobrar sentido. Inevitablemente a algunos compañeros de conversación les resultará más significativos algunos versículos que otros. Puede que algunas personas resuenen con ciertos pasajes de diferente forma que otras que provienen de un contexto y trasfondo diferente. Siempre habrá más significados de los que el propio libro pueda contener.

En otras palabras, no lidiamos con el problema de una Biblia que se vuelve insignificante a medida que pasan las generaciones; nuestro dilema es mejor: ¡tenemos una Biblia que contiene abundancia de significados!

Siempre y cuando usemos el amor para evitar faltarles el respeto a los autores originales, siempre y cuando nos equipemos de amor para protegernos de interpretar la Biblia para oprimir en lugar de liberar, siempre y cuando prioricemos el amor a fin de mostrar gracia a aquellos con perspectivas diferentes, podremos hallar libertad en nuestra manera de leer la Biblia. No tenemos que preocuparnos por no tener suficientes títulos para leerla con precisión. Siempre estaremos creciendo en nuestro deseo de comprender el idioma original y el contexto a partir de nuestro amor por nuestros compañeros de conversación originales. No debemos preocuparnos por no tener suficiente conocimiento. Recordaremos siempre que, después de todo, es una herramienta en el camino hacia el amor verdadero.

Charlie Parker fue uno de los músicos de jazz más grandes de todos los tiempos. Era particularmente bueno en un estilo de jazz llamado *de improvisación*, que es una gran imagen de lo que creo que es la interpretación bíblica. Sin un buen entendimiento de la improvisación, la interpretación puede parecer un poco vaga (no eres lo suficientemente disciplinado como para dominar la música de la página, así que simplemente "inventas"). Pero esta no es una comprensión correcta de la improvisación. "Salirse del guion" y crear música hermosa que no sabes a dónde te llevará requiere una habilidad increíble y gran respeto por la expresión artística.

Cualquier artista de improvisación, ya sea que se dedique a la comedia o a la música, podrá confirmártelo. Una cita atribuida usualmente a Charlie Parker ha guiado mi lectura bíblica desde hace ya una década. Cuando se le preguntó como volverse un buen músico de improvisación, supuestamente dijo: "Aprende tu instrumento, aprende de música, y luego olvida todas esas porquerías y, simplemente, toca".[12]

Obviamente, no sé si Charlie realmente dijo eso. Pero significa mucho para mí. Creo que esta declaración refleja la fórmula de Jesús "Ustedes han oído que se dijo... Pero yo les digo".

DOMINA LA MUSICA

Nuestra música es la Biblia. Si esperamos ir más allá del libro, primero debemos enraizarnos en él. Si vamos a crear *nuevos significados* desde lo que dice la Biblia, es mejor que sepamos *qué* dice. Si quieres un punto de inicio, te aliento a que leas libros de académicos judíos como Jon Levenson o James Kugel. Si quieres un atajo, escucha la entrevista que le hicimos a Levenson en el podcast del cual soy coanfitrión, *The Bible for Normal People*.¹³ Por la manera impecable en que entrama narrativas y pasajes bíblicos en su conversación, se nota que la Biblia es parte de él. Algunas personas dicen que sabes que dominas un idioma si sueñas en ese idioma. Tengo la sensación de que Levenson sueña en Biblia.

La raíz de la interpretación bíblica es entender qué quisieron decir los autores originales. Sin embargo, como mencioné antes, hay un problema. No podemos ir a preguntarles, ya que están todos muertos. Así que dependemos de que el contexto (tanto el literario como el histórico) nos ayude.

Aquí es donde podemos aprender a confiar en las y los académicos bíblicos. Así como los científicos naturalistas han desarrollado procesos confiables para dar con verdades científicas, las y los académicos están refinando constantemente sus procesos y métodos para tratar de determinar la intención del autor y el significado original de los textos bíblicos. Su trabajo es descifrar qué herramientas nos ayudarán a entender mejor el mundo en el cual fue escrita la Biblia. Como en toda buena relación, necesitamos entender qué intentaba comunicar Pablo antes de ir más allá de sus palabras.

Otra forma de pensarlo: si no tomamos con seriedad la primera parte de la fórmula de Jesús "Ustedes han oído que se dijo", no respetamos al texto y mostramos que no nos interesa una relación con la Biblia, sino que nuestra ambición pasa por escucharnos hablar a nosotros mismos, por confirmar lo que ya pensamos.

Como en toda buena relación, demostramos nuestro respeto al escuchar, en primer lugar. Así que tómate algo de tiempo para oír la música. Lee la Biblia. Haz preguntas. Aprende sobre el contexto. Encuentra un sentido de asombro. Si queremos que la Biblia nos resulte significativa, tenemos que poner manos a la obra para tratar de entenderla. Como en cualquier relación, nunca alcanzaremos el éxito. Nunca la entenderemos a la perfección. La relación se da en el esfuerzo por comprender. Sin embargo, también como en otras relaciones, necesitamos entender más que solo las intenciones del autor para que la Biblia resulte significativa; necesitamos entendernos a nosotros mismos, a nosotras mismas.

DOMINA TU INSTRUMENTO

Nuestro instrumento está compuesto por los filtros que usamos para leer e interpretar la Biblia. Es importante preguntar "¿Cómo decido qué quiere decir esto?". Todos y todas interpretamos la Biblia. Todos usamos filtros. El punto no es creer que podemos prescindir de nuestros filtros y simplemente "leer la Biblia tal y como es". Algo así sería imposible, y, dado que el significado es vital para ser humanos, también me gustaría señalar que ni siquiera es deseable. La idea es hacernos conscientes de nuestros filtros y decidir cuáles son los mejores.

Dominar tu "instrumento" –comprender nuestros filtros interpretativos– abarca nuestra inteligencia emocional, nuestros marcos éticos y morales, nuestras personalidades, nuestros cuerpos, nuestras experiencias culturales y sociales. Se trata de volverse conscientes de cómo todos estos filtros nos sirven de base para actuar en lo cotidiano, y luego esforzarnos en ajustarlos, basándonos en el amor. En una palabra, nuestro instrumento es la *sabiduría*. Cuando leemos a Pablo, queremos ser buenos compañeros de conversación. La meta no es deshacerse de Pablo, tampoco de nosotros o nosotras.

Cuando usemos buenas herramientas interpretativas, Pablo a veces nos desafiará y diremos: "Pablo tiene razón. Debo permitir que sus palabras critiquen cómo pienso sobre el mundo". Y otras veces, cuando lleguemos a tener claridad sobre cómo pensamos sobre el mundo a través de nuestras propias experiencias, podremos encontrarnos diciéndole al Apóstol: "Has oído que se dijo... Pero yo te digo".

En uno de los primeros episodios de *The Bible for Normal People*, entrevistamos a Richard Rohr, monje católico. Discutimos sobre una idea similar acerca de los filtros. Él comparó a la fe cristiana con un triciclo. Dijo que somos guiados por tres ruedas: la experiencia, la tradición y la Biblia. Y, para Rohr, la rueda delantera es la experiencia. ¿Por qué? Porque es a través de nuestra experiencia que entendemos nuestra tradición y la Biblia. Cuando estaba en el seminario, pasé cientos de horas aprendiendo sobre mi tradición y como interactuó con la Biblia. Pasé cientos de horas aprendiendo sobre la Biblia. Pero pasé aproximadamente cero horas aprendiendo sobre mis filtros (mi personalidad, mis fortalezas y debilidades, mi salud emocional, cómo impacta mi cultura en la manera en que leo mi Biblia). Fue como aprender a leer música, pero sin nunca agarrar un instrumento, y luego tener la expectativa de ser capaz de interpretar una bella canción.

Durante casi toda la historia de la iglesia, por las obvias razones que mencioné antes, la fe descansó más que solo en la Biblia. Y la experiencia, la tradición y la Biblia necesitan *orientarse entre sí*. En otras palabras, a veces nuestras tradiciones deben moldear nuestras experiencias. A veces, debe ser la Biblia la que lo haga. Y a veces nuestras experiencias deben cambiar nuestra interpretación de la Biblia. Por eso, nuestra lectura de la Biblia debe estar influenciada y en comunicación con nuestras experiencias y tradiciones.

De ningún modo pretendo ser más inteligente que Richard Rohr, pero, humildemente, le añadiría otro filtro a la vida de fe, a saber, la comunidad. Mientras hay quienes pueden ver a la comunidad como un subconjunto de nuestra experiencia, pienso que es importante diferenciarla porque nuestra cultura tiende a ser individualista y porque nuestra comunidad influye mucho en como vemos el mundo. Somos moldeados y moldeadas por las personas que nos rodean y por la cultura en la que nos encontramos, y estas también impactan en nuestra vida de fe. De hecho, diría que aprender a apoyarnos en nuestras comunidades es central a la vida de sabiduría (es vital para aprender nuestro instrumento). De modo que estamos en un viaje de por vida para entender estos cuatro elementos, tanto en sí mismos y en cómo se relacionan entre sí: nosotros mismos (nuestras experiencias), la tradición, la comunidad y la Biblia.

Permíteme poner el acento en esto una vez más. Es muy importante que pasemos el mismo tiempo aprendiendo nuestros filtros que el que le dedicamos a la Biblia. Así es como dominaremos el instrumento que usamos para tocar música. Estamos enraizados en la Biblia, y luego somos fieles a ella, trascendiéndola. Si no entendemos bien nuestros filtros, corremos el riesgo de no ser conscientes de la manera en que nuestras perspectivas patológicas de nosotros y nosotras, nuestra comunidad o nuestra tradición están afectando la forma que tenemos de leer la Biblia.

Aprender a cómo reinterpretar la Biblia puede sentirse abrumador o desalentador. Si sientes que nunca aprenderás lo suficiente para ser capaz de hacerlo, sugeriría que el que está hablando es, nuevamente, tu perfeccionismo. Nadie dijo que tenías que saberla de memoria para usarla. No hay ningún músico que haya dominado a la perfección la música. No hay ningún académico o académica bíblica que domine todas las áreas de estudios bíblicos. Otra vez, estás confundiendo la herramienta con la meta. Es un viaje de descubrimiento. Todos y todas estamos en un proceso a medida que nos relacionamos con la Biblia. ¿Es importante aprender música? Sí. ¿Aprender un instrumento es importante? También. Pero no olvidemos la meta: *simplemente, toca*. En otras palabras, el amor es más importante.

CUANDO DUDES, BUSCA EL AMOR

San Agustín de Hipona, uno de los santos más famosos en la historia de la iglesia, aparentemente escuchaba a Jesús. Para ser justo, pienso que se equivocó en varios puntos. Pero vivió hace mil setecientos años y estaba haciendo todo lo posible para descubrir qué significaba todo esto del cristianismo, sin el bagaje de casi dos mil años de tradición de la iglesia, como lo tenemos hoy. Así que démosle un poco de paz y dejemos de juzgarlo tanto.

En cualquiera de los casos, Agustín escribió una montaña de libros sobre cómo interpretar la Biblia. No quiero arruinarlo, porque estoy seguro de que ya estás en Amazon a punto de comprar uno de sus libros, pero te diré algo: él no leía la Biblia de manera literal.

Ahora bien, entendía que la Biblia es complicada. Así que, siguiendo la guía de Jesús, nos dio una herramienta muy útil:

> Quienquiera, entonces, que piense que entiende las Santas Escrituras, o alguna parte de ellas, pero pone por sobre ellas tal interpretación, no tiende a fortalecer este doble amor a Dios y al prójimo, ni tampoco las comprende como debería aún. Si, por otro lado, alguien deriva un significado de ellas que pueda ser utilizado para el fortalecimiento del amor, aunque no dé con el significado preciso que el autor al que lee pretendía expresar, tal persona no es perniciosa, y está completamente libre de la acusación de engaño.[14]

En otras palabras, si un pasaje de la Biblia es ambiguo, la mejor interpretación es cualquiera que nos guíe mejor al amor. La meta adecuada al leer nuestras Biblias no es entenderla correctamente; es el amor. Sí, pensar profundamente sobre la teología y cómo interpretar la Biblia es importante. Pero el amor es más importante. A menudo, me encuentro en ámbitos cristianos donde la persona que más pasa tiempo leyendo la Biblia es considerada la más piadosa. Eso es como decir que el cantante que lee más páginas de música es el mejor. O, como dice el coro de John Craigie: "Lo están haciendo mal, diseccionan al pájaro en un intento de encontrar su canción. Es un milagro que siquiera estén aquí".[15]

Hace más o menos una década, mientras compartía un café con una amiga, me confesó que no leía la Biblia hacía mucho porque había estado ocupada viajando a otros países para ayudar a construir casas para los más necesitados. Me dijo que algunos de sus amigos le habían hecho pasar momentos tensos porque no dedicaba un tiempo devocional regular para estudiar la Escritura. Quise zamarrearla. Pero me refrené. En su lugar, le pregunté amablemente por qué leíamos las Escrituras. "Para saber vivir como cristianas y cristianos", fue su respuesta. Luego sugerí, no tan amablemente, que, probablemente, en realidad eso era más importante que leer un libro que le decía cómo vivir como cristiana. Sugerí que su culpa no tenía fundamentos y la alenté a que encontrase satisfacción en el tesoro, y no en el mapa.

LA AUTOPSIA BÍBLICA

Como mencioné antes, cuando –no sin vergüenza– admití mi apreciación por Nic Cage, vivo cerca de Philadelphia, donde las cosas simplemente son viejas. Somos los primeros en muchas cosas. Contamos con la primera biblioteca pública, la primera casa de la moneda, el primer zoológico, la primera feria mundial y, lo más importante, la primera venta de galletas de las *Girl Scout*. También contamos con el primer hospital y la primera escuela de medicina.

Cuando das un paseo por el *Pennsylvania Hospital*, fundado

en el 1751, te adentras a un cuarto que luce como una corte circular. Hay algunas filas de bancas al nivel del suelo, y luego un balcón con algunos asientos, todos alrededor de una cama de madera situada en el medio. Este cuarto se llama "el anfiteatro quirúrgico", y es donde los médicos realizaban cirugías públicas desde las 11:00 a. m. hasta las 2 p. m. los días soleados (ya que no había electricidad). Por supuesto, estas cirugías rápidamente perdieron popularidad una vez que los profesionales se dieron cuenta de que las salas limpias, libres de gérmenes de personas al azar, ayudaban a que los pacientes no murieran. Sin embargo, durante muchos años, se podía pasear por el anfiteatro en un día laboral al mediodía y ver a un médico realizar su trabajo. Si viviste entre los años 1804 y 1830, es posible que hayas tenido el privilegio único de ver cómo se realizaba una cirugía antes del uso de cualquier anestesia.[16]

Doy estas pinceladas de información porque los doctores también solían realizar autopsias en ese cuarto, a la vista del público. La gente estaba ansiosa por ver a un médico diseccionar un cuerpo humano e identificar las diferentes piezas.

Esto es, desafortunadamente, una analogía demasiado perfecta de cómo algunas personas piensan de la iglesia. Todos y todas nos sentamos en nuestras bancas mientras vemos al pastor-doctor parado tras el atril de madera, listo para realizar una autopsia pública de la Biblia. Él (a menudo es un él) saca sus herramientas de estudio bíblico, mira con severidad el cadáver, y comienza a arrancar partes y a decirle a su asombrada audiencia lo que significan.

LA BIBLIA ES UN MONTON DE COMPOST

Más que ver a la Biblia como un cuerpo muerto que se somete a una autopsia semanal, prefiero verla como un montón de compost. Obtuve esta imagen del destacado erudito bíblico Walter Brueggemann, en su libro *Texts under Negotiation*:La Biblia es un *montón de compost* que provee el material para que emerja nueva vida. No uso esta figura como una metáfora irreverente para sugerir que la Biblia es "basura". Más bien, la utilizo para sugerir que la Biblia en sí no es el verdadero lugar de crecimiento nuevo. Nuestra vida presente, cuando nos embarcamos en un nuevo crecimiento, a menudo es inadecuada, árida o incluso estéril. Necesita ser enriquecida y, para obtener ese enriquecimiento, volvemos a los depósitos de antiguo crecimiento que han sido descartados, pero que continúan fermentando y pueden contener recursos para un camino a la nueva vida.[17]

Lo interesante sobre el compost es que, a menos que plantes algo en él, es tan solo un montón de basura. Pero si siembras algo, se transforma en el suelo necesario y la base para que algo nuevo y bello crezca a partir de él.

Sin el compost, una semilla es inútil. Lo mismo para el compost sin la semilla. Cada uno halla significado y sentido en la conexión entre ambos. Cuando nos encontramos arraigados en la Biblia, en lugar de faltarle el respeto al hacer que signifique lo que queramos o al no hacer que signifique nada nuevo, nos encontramos creciendo de nuevas maneras.

No conozco a nadie que simplemente "haga que la Biblia signifique lo que quiera". Cada acto de crear algo nuevo es simplemente traer a la luz de una forma novedosa algo que siempre estuvo allí, que quizás se daba implícitamente o que no era notado, porque, sin un nuevo contexto, no resaltaba. Así como el compost y la semilla se necesitan entre sí, lo mismo sucede con la Biblia y las lectoras y lectores modernos. No podemos hacer que signifique lo que queramos, pero si escuchamos lo suficientemente cerca, y si nos enraizamos en ella lo suficientemente profundo, puede significar muchas más cosas de las que pensábamos.

CAPÍTULO OCHO

HABLAR LA VERDAD EN AMOR

El amor sabe como arreglárselas para cambiar nuestra mentalidad sobre lo que es verdad. No cambia los hechos, claro. Cambia el significado de los hechos y nos guía a la sabiduría. Transforma la manera en que vemos el mundo. Y si hay suficientes personas que cambian su manera de ver el mundo, cambia el mundo. Es cierto en la ciencia, y es cierto en la iglesia.

Cambiar de opinión sobre lo que es verdad a la luz de cómo experimentamos el mundo cuando nos probamos los lentes del amor puede ser bueno y bello. Pero cuando el miedo o la necesidad de control (lo cual, seamos honestos, usualmente también es miedo) son los lentes que utilizamos para filtrar nuestra experiencia del mundo, empezamos a priorizar la defensa de nuestras opiniones por sobre el amor a nuestro prójimo, y el sistema entra en cortocircuito. Como vimos, la verdad es una herramienta. Puede ser usada para edificar o derrumbar, para sanar o dañar. Si nuestra idea de la verdad no incluye priorizar el amor, si se trata solo de hechos, no es verdad en el sentido más amplio. O, al menos, no lo es en el sentido cristiano.

Según mi experiencia, es raro que cuando se usa la frase "hablar la verdad en amor" la persona que la oye se sienta amada. Al contrario, suele decirse para convencer a alguien de que es amado aunque no se sienta así. No es una frase que diría alguien comprometido en colaborar con las luchas de otra persona, sino alguien que pretende lanzar opiniones hirientes y sentirse libre de culpa.

En el invierno de 2019, la Iglesia Metodista, que representa más de doce millones de cristianos y cristianas en Estados Unidos, se citó en St. Louis para llevar a cabo su Conferencia General. En una sesión especial, votaron condenar los matrimonios igualitarios y el clérigo gay. En una de las exposiciones previas a las votaciones, Nancy Denardo, una delegada laica del oeste de Pennsylvania, dijo en defensa del Plan Tradicionalista:[a]

> Gálatas 6:1: "Hermanos, si alguien es sorprendido en pecado, ustedes que son espirituales deben restaurarlo con una actitud humilde. Pero cuídese cada uno, porque también puede ser tentado".
> Y en el versículo 7: "No se engañen: de Dios nadie se burla. Cada uno cosecha lo que siembra".
> Amigos, por favor, dejen de sembrar semillas de engaño. La palabra se hizo carne. Y no la carne palabra. Lamento si la verdad del evangelio lastima a alguien. Pero sepan que yo, y aquellos que apoyamos el Plan Tradicionalista, los amamos lo suficiente para decirles la verdad. Dios les da libre albedrío, escojan sabiamente, elijan las palabras verdaderas de Dios.

Déjenme ser claro. Creo firmemente que la Srta. Denardo quiere amar a su prójimo como a ella misma. Asumo que su corazón está en el lugar apropiado. No intento criticarla. Pero sus palabras son un ejemplo de las creencias que parecen estar detrás del uso de la frase "decir la verdad en amor" por parte de muchas personas.

---

[a]. El Plan Tradicionalista afirma las prohibiciones de la iglesia de ordenar al clero LGBTQ y de oficiar o celebrar un matrimonio entre personas del mismo sexo.

"AMBAS SON PALABRAS DEL DIOS VIVIENTE"

La manera en que se usa la frase "hablar la verdad en amor" revela la suposición de que la Palabra de Dios y mi opinión sobre su interpretación son lo mismo. En algunas personas, esto puede significar falta de humildad; para otras, simplemente un error. De todas formas, en lugar de luchar y discernir juntos y reconocer que ambos "lados" están haciendo su mejor esfuerzo pero que, a fin de cuentas, simplemente están dando su opinión, la gente ya ha concluido que Dios está de su lado. Termina no siendo una conversación hacia el mutuo entendimiento sino una elección: acepta mi interpretación o ve en contra de la Palabra de Dios.

En cambio, ¿cómo sería poner en primer lugar el amor y la inclusión en la base fundamental para nuestros desacuerdos? ¿Cómo sería sostener nuestras convicciones personales sin esgrimirlas de una manera que aquellas personas de quienes se habla se sientan excluidas de la comunidad? Redimir la frase "hablar la verdad en amor" es reconocer que podríamos estar equivocados en nuestra interpretación. Es abogar por el "quizás". En un mundo que idolatra la certeza, yo introduzco el "quizás". Es en el espacio entre "lo sé" y "no lo sé" que encontramos relación y crecimiento.

Este "quizás" es un lugar de humildad adecuada. No dice "soy un idiota". Tampoco dice "eres un idiota". Dice "hablemos más, porque quizás tengas razón. O quizás la tenga yo".

ES EN EL ESPACIO ENTRE "LO SÉ" Y "NO LO SÉ" QUE ENCONTRAMOS RELACION Y CRECIMIENTO

En el Talmud judío hay una gran historia sobre dos escuelas que están en desacuerdo acerca de "las verdaderas palabras de Dios":

> Durante tres años hubo una disputa entre la escuela Shammai y la escuela Hillel. Unos aseveraban: "La ley está de acuerdo con nuestros puntos de vista", y los otros decían: "La ley está de acuerdo con nuestros puntos de vista". Luego, una voz divina dijo: "Los pronunciamientos del uno y del otro son palabras del Dios viviente, pero la ley está de acuerdo con la escuela de Hillel".
>
> Al ser ambas palabras del Dios viviente, ¿qué le dio derecho a la escuela de Hillel a que la ley se estableciera conforme a sus reglas? El hecho de que fueron bondadosos y humildes; enseñaron tanto sus propias reglas como las de la escuela de Shammai.[2]

¿Qué sucede aquí? Bueno, dos grupos de personas discuten sobre quién tiene la interpretación correcta de la Biblia. Y una voz del cielo dice: "La Biblia puede ser interpretada de ambas formas; es ambigua. Así que el ganador, el grupo con la interpretación correcta, es el que argumentaba con bondad y humildad, y no tenía miedo de enseñar las dos posturas".

A veces, tener las opiniones correctas no se trata de memorizar hechos, sino de tener humildad y respeto por las opiniones de las demás personas. En otras palabras, tener la razón es amar bien.

A menudo, usamos la frase "hablar la verdad en amor" porque creemos que las personas cambian cuando les decimos que están pecando y viviendo mal sus vidas. Como vimos antes, la paradoja del cambio y la mayoría de nuestras experiencias nos dicen que es una táctica inútil. Si realmente nos interesa transformar la vida de otra persona, no sucederá porque le compartamos opiniones que nunca nos pidió.

Me pregunto si muchos de nosotros y nosotras realmente creemos que el amor incluye defender nuestra opinión sobre las elecciones de vida de los demás. Hay algunos ejemplos clásicos que las personas usan para defender esta perspectiva. Por ejemplo: si estuvieras por tomar veneno, ¿querrías que alguien viniera y te dijera que está seguro que es veneno y te previniera de tomarlo? Seguro. Pero ¿sería amoroso seguir diciéndoselo varias veces, a pesar de que es adulto o adulta y ha decidido por su cuenta que no es veneno y, además, ha tomado la bebida una y otra vez y no ha muerto? No, a eso yo lo llamaría coercitivo e irrespetuoso. Debemos respetar las elecciones de las personas.

Sin embargo, en mi experiencia sucede algo incluso más profundo cuando alguien dice que simplemente está "hablando la verdad en amor".

Una vez, estaba hablando con una familia que comenzó a compartir lo que pensaban sobre las personas gay. Una de las mujeres le preguntó a un joven cuya esposa recién había tenido su primer bebe: "¿Qué harías si tu hijo, al crecer, resultase ser gay?". Este hombre, a quien hasta ese momento había percibido amigable, gentil y respetuoso, se enojó, y dijo, mientras le temblaba la mano: "Le patearía el culo". Su incomodidad era palpable. Se ve diferente a solo decirle a alguien que está por tomar veneno, si es que esa era su opinión. Al joven le daba asco la idea de que su hijo pudiera ser gay (tanto como para amenazarlo con tal violencia). No tengo dudas de que, si alguna vez su hijo llegase a salir del clóset frente a él, el hombre desataría todo su disgusto y diría que simplemente está "hablando la verdad en amor".

Espero que no confundamos nuestra incomodidad con nuestra conciencia. Que no justifiquemos nuestra indignación llamándola "defender la verdad". Tengo un montón de personas que me aman bien, incluso si estamos en desacuerdo en algunas creencias fundamentales; lo que prevalece y hace la diferencia es saber que me aman.

Mi mayor tristeza ha sido que escondamos nuestro asco, incomodidad y rabia detrás del velo de la inocencia, con el justificativo de "solo querer que las personas eviten el dolor" o "solo estar diciendo la verdad en amor". La gente no es estúpida. Percibirán el disgusto y el odio, incluso si las palabras que salen de nuestra boca son "solo te lo digo porque te amo".

Una encuesta reciente del Pew Research Center muestra que la mayoría de los estadounidenses creen que el modo en que hablamos de política ha empeorado. Un alarmante 85 por ciento de adultos y adultas expresan que nuestras conversaciones se han vuelto más negativas y menos respetuosas.[3]

Parte de lo que implica que el amor sea más importante es preocuparse menos por convencer a las personas de que tenemos razón –incluso acerca de nuestras posturas políticas– y trabajar para recuperar algunas de esas virtudes de "Hillel", tales como la bondad y la humildad.

En 2003, la conductora radial Krista Tippett lanzó un programa llamado *Speaking of Faith*. Pasó bastante desapercibido, hasta que la popularidad del podcast creció, y ahora tiene más de doscientos millones de descargas bajo el nombre *On Being*. A través del tiempo, los datos muestran que el programa hizo las veces de puente entre algunas grietas que se habían ampliado en los últimos años. Los y las oyentes eran diversos: iban más allá de fronteras políticas, étnicas y religiosas. Desde este reconocimiento, *On Being* lanzó el "Civil Conversations Project" en 2011, orientado a equipar a comunidades locales con lo que necesitaran para aprender a estar en desacuerdo con otras personas y, aun así, estar unidas como comunidad.[4] En nuestra región funciona uno, a cargo de mi buena amiga Megan, y continúa alentándome a ver un futuro donde el amor importe más. Más que nuestras diferencias políticas. Más que nuestras diferencias étnicas. Más que nuestras diferencias religiosas.

Que el amor importe más no quiere decir que debamos ignorar nuestras disimilitudes. No quiere decir que nuestras diferencias no importan. Tampoco que no debemos trabajar en unidad para reconocer y resolver los problemas que enfrentamos como sociedad. Por el contrario, gracias a que el amor es más importante, necesitamos comprometernos más que nunca para resolver esos problemas. Diría que mantener el amor como el objetivo final nos aleja de tácticas que socaven nuestro objetivo final. Mantener el amor como el objetivo final evita que confundamos nuestro camino con el mejor camino.

Más que ignorar las conversaciones difíciles sobre etnia, religión y política, debemos entrar en ellas y desarrollar la musculatura necesaria: el corazón, la mentalidad y la disposición adecuadas. Valoro las seis virtudes fundamentales del Civil Conversations Project:

- palabras que importen
- hospitalidad
- humildad
- paciencia
- escucha generosa
- civismo audaz[5]

El núcleo del desafío de dejar que el amor importe más está en reconocer que la presencia de estas virtudes en nuestras conversaciones, debates y vida cotidiana es tan importante como el contenido de lo que se dice en estas conversaciones y debates.

HABLAR LA VERDAD EN AMOR LLEVA A MAS INCLUSION, NO A MENOS

Si realmente queremos llegar al fondo de la frase "hablar la verdad en amor", es probable que la cosa tenga que volverse un tanto *nerd*. Así que ve por tu Biblia Scofield y tu Concordancia Exhaustiva, y tengamos un buen tiempo de estudio bíblico a la antigua.

La pregunta sobre la mesa es: "¿A qué se refiere exactamente Pablo por 'la verdad' cuando menciona 'hablar la verdad en amor' en Efesios 4?".

Como tu profesor bíblico, me veo en la obligación de decir: "Comencemos por el contexto". Si estás leyendo la Nueva Versión Internacional, por el encabezado puedes darte cuenta de que el contexto de Efesios 4 es "Unidad en el cuerpo de Cristo". Es una triste ironía que las personas usen el "hablar la verdad" de este pasaje como un medio para excluir. Pablo comienza el capítulo así:

> Por eso yo, que estoy preso por la causa del Señor, les ruego que vivan de una manera digna del llamamiento que han recibido, siempre humildes y amables, pacientes, tolerantes unos con otros en amor. Esfuércense por mantener la unidad del Espíritu mediante el vínculo de la paz. Hay un solo cuerpo y un solo Espíritu, así como también fueron llamados a una sola esperanza; un solo Señor, una sola fe, un solo bautismo; un solo Dios y Padre de todos, que está sobre todos y por medio de todos y en todos.
>
> *Efesios 4:1–6*

Observa que aquí también aparece la frase "en amor". Así que tiene sentido que si estás "diciéndoles la verdad" a las personas en amor, también estás siendo "tolerante con otros" en amor. Estos elementos van de la mano, pero las personas que gustan de usar la verdad como arma tienden, convenientemente, a dejar afuera esa parte.

Entonces, sea lo que sea que signifique "hablar la verdad en amor", no puede estar separado de estas cualidades:

- ser humilde
- ser amable
- ser paciente
- tolerarse entre sí
- hacer todo esfuerzo posible por mantener la unidad mediante el vínculo de la paz

Según Pablo, decir la verdad no puede estar separado de todo esto. Entonces, si no exhibimos cada uno de estos rasgos junto con nuestro "hablar la verdad", lo que digamos quedará invalidado. Si no caminamos en la verdad, lo que sale de nuestras bocas no es auténtico y tampoco es verdad en el sentido bíblico.

Dado que Pablo en sus escritos habla más seguido, más explícita y empáticamente sobre la unidad que sobre defender la verdad, si tuviésemos que escoger qué versículos priorizar en nuestro sistema de creencias, elegiría "tolerantes unos con otros en amor" antes que "hablar la verdad en amor". Tolerarse unos a otros es tan parte del amor como decir la verdad. Como mencionamos antes, tolerarse entre sí es un prerrequisito para decir la verdad.

La próxima vez que vemos la frase "en amor" es en los versículos 15 y 16 (versículos que incluyen aquel en el cual aparece la frase en cuestión). Los citaré juntos:

... sino que hablando la verdad *en amor*, crezcamos en todos los aspectos en aquel que es la cabeza, *es decir*, Cristo, de quien todo el cuerpo (estando bien

ajustado y unido por la cohesión que las coyunturas proveen), conforme al funcionamiento adecuado de cada miembro, produce el crecimiento del cuerpo para su propia edificación *en amor*. [LBLA]
Efesios 4:15-16, itálicas agregadas

Entonces, sea cual sea esta "verdad" que necesitamos decir, debe usarse para crecer en Cristo a fin de promover el crecimiento del cuerpo en la edificación en el amor. Tal como mencionamos en un capítulo anterior, parece que el objetivo es desarrollar el amor.

Para terminar el capítulo, Pablo da instrucciones de lo que implica todo esto en nuestras vidas. A mí me parece que nos está dando la clave para responder de qué se trata el asunto. No es acerca de decir la "verdad" en un sentido abstracto, sino la verdad sobre cómo Jesús quiere que amemos:

Dejando la mentira, hable cada uno a su prójimo con la verdad (4:25).
- Si se enojan, no pequen (4:26).
- El que robaba, que no robe más, sino que trabaje honradamente con las manos para tener qué compartir con los necesitados (4:28).
- Eviten toda conversación obscena. Por el contrario, que sus palabras contribuyan a la necesaria edificación y sean de bendición para quienes escuchan (4:29).
- Abandonen toda amargura, ira y enojo, gritos y calumnias, y toda forma de malicia (4:31).
- Sean bondadosos y compasivos unos con otros, y perdónense mutuamente (4:32).

Como vimos antes, la verdad en la Biblia casi siempre se

refiere a ser honestos o simplemente a no mentir. Aquí también lo vemos. Así que, cuando, en general, la Biblia dice "digan la verdad", no está diciendo "cuéntenles sus opiniones a las personas", sino más bien, "no les mientan intencionalmente a las personas". Así que eres libre. Jesús no te juzgará por no compartir tu opinión sobre el pecado que ves en las vidas de tus amigos. Solo no les mientas.

Si tu amigo o amiga cristiana viene y te dice que decidió mudarse con su pareja y crees que es una mala idea, piensa bien lo que vas a decirle. Probablemente, la mejor expresión de amor verdadero no sea "¿Por qué hicieron eso? ¿No sabes que es pecado? Es decir, haz lo que quieras, pero no estoy seguro de que estén siendo de buen testimonio".

Quizás, una mejor forma podría ser "¿Te vas a mudar con tu novia? Cuéntame más, ¿cómo tomaron la decisión?". Si no pide tu opinión, tal vez lo más amoroso sea no dársela. Acaso sea mejor ir por algo más del orden de "¿Puedes ayudarme a entender cómo se relaciona esta decisión con tus creencias cristianas?". Si eventualmente pide tu opinión, considera una respuesta como: "Para serte honesto, no estoy seguro de que sea una buena idea. Mi interpretación de la Biblia dice [*inserta tus convicciones aquí*]. Pero tal vez esté equivocado. Quizás podamos seguir hablándolo en otra ocasión. Pero mira, quiero que sepas que estoy feliz por ti. ¡Déjame saber cuando necesites ayuda para mudarte, así puedo asegurarme de estar!".

Es importante destacar que, si tus amigos, amigas o familiares no son cristianos, sugiero seguir el ejemplo de Pablo en 1 Corintios 5 y tener mucha precaución del momento en que introducimos nuestras convicciones. En el versículo 12, Pablo dice: "¿Acaso me toca a mí juzgar a los de afuera?". Por cierto, la pregunta es retórica. La respuesta es "no". A Pablo no le corresponde hacerlo.

Volviendo a Efesios 4, es una lista bastante buena de las

maneras prácticas de amar a las personas. Toda la conversación sobre hablar la verdad y ser edificados en Cristo termina con una lista muy concreta sobre cómo amar a las personas. Lo vemos una y otra vez. Si extraes un versículo de la Biblia, puedes hacer que signifique lo que quieras. Algunos tenemos miedo a equivocarnos acerca de lo que creemos de Dios. Tan así, que encontramos versículos que justifiquen nuestras creencias para aferrarnos a ellas con los puños cerrados. Pero si me alejo y observo el contexto más amplio de Efesios, veo que Pablo no está interesado en aferrarse a una lista de creencias; le interesan las personas que siguen a Jesús y su patrón de amor. Así que, sí: diles a las personas lo que opinas (solo asegúrate de hacerlo en el contexto de todos estos otros aspectos amorosos, incluyendo tolerarlas y no excluirlas). De hecho, si tenemos que excluir a alguien de nuestras congregaciones, creo que deberíamos empezar por quienes no practican estas seis cosas que Pablo escribe en la última sección de Efesios 4. Y, por más extraño que parezca, estar casado o casada con alguien de tu mismo sexo no es una de ellas.

No permitiré que las personas que se creen capaces de separar la verdad de la Biblia se salgan con la suya. Cuando lo hacemos, corremos el riesgo de cometer el pecado de Jonás (apropiarme de los versículos que me llevan a otorgarme gracia a mí mismo y a los míos, mientras juzgo y excluyo de la gracia de Dios a aquellas personas con las que no estoy de acuerdo o que me hacen sentir incómodo). El verdadero escándalo del Dios bíblico no es a quién excluye, sino a quién incluye.

SER AGRADABLE NO ES LO MISMO QUE AMAR

En este capítulo sobrevolaron muchas palabras que pueden darte la impresión de que "hablar la verdad en amor" simplemente se trata de ser más agradable. Si bien estoy convencido de que necesitamos más compasión, empatía, bondad y gracia en nuestro mundo, también quiero dejar lugar a un tipo diferente de amor. Dado que el amor reside por igual en nuestras palabras y en nuestras acciones, también puede aparecer bajo la forma de la científica que dedica la mayor parte de su tiempo a estar en un laboratorio, buscando curar las últimas enfermedades para el bien de la humanidad.

Es importante reconocer que el amor adquiere diferentes apariencias y que, mientras puede que carezcamos de amor en algunas áreas, estamos contribuyendo en muchas otras muy importantes.

Otra forma de pensar en esto es la siguiente:

- Hay quienes aman al cuidar a las personas oprimidas.
- Hay quienes aman al liberar a la gente de su opresión.
- Hay quienes aman al luchar contra los sistemas de opresión.
- Necesitamos de todos y todas.

Para mí, esto significa que algunos tenemos el don de la amabilidad y estamos mejor equipados para cuidar a quienes lo necesitan. Otras tenemos el don del activismo y el coraje, y estamos dispuestas a estar en la línea del fuego y, como Moisés, con los dientes apretados decir "¡Deja ir a mi pueblo!". Y hay otra parte que somos más tímidos, pero dotados con inteligencia, y encontramos estrategias y tácticas para pelear contra sistemas que degradan el amor y la salud. Me viene a la mente el consejo de Pablo, que, curiosamente, está en el capítulo previo a su famoso tratado sobre el amor:

> En cuanto a los dones espirituales, hermanos, quiero que entiendan bien este asunto…
> Ahora bien, hay diversos dones, pero un mismo

Espíritu. Hay diversas maneras de servir, pero un mismo Señor. Hay diversas funciones, pero es un mismo Dios el que hace todas las cosas en todos. A cada uno se le da una manifestación especial del Espíritu para el bien de los demás...

De hecho, aunque el cuerpo es uno solo, tiene muchos miembros, y todos los miembros, no obstante ser muchos, forman un solo cuerpo. Así sucede con Cristo...

Si el pie dijera: "Como no soy mano, no soy del cuerpo", no por eso dejaría de ser parte del cuerpo. Y, si la oreja dijera: "Como no soy ojo, no soy del cuerpo", no por eso dejaría de ser parte del cuerpo...

Ahora bien, ustedes son el cuerpo de Cristo, y cada uno es miembro de ese cuerpo.

1 Corintios 12:1, 4–7, 12, 15–16, 27

CAPÍTULO NUEVE

DAR NUESTRA OPINION EN AMOR

Hemos resuelto el problema de la tensión entre la verdad y el amor. No existe tensión. La Biblia no habla de la verdad en un sentido abstracto, no habla de "creencias y opiniones" independientes de las acciones que Jesús sintetiza como "amar a Dios y amar a su prójimo".

Sin embargo, eso no resuelve la otra cuestión práctica: "¿Qué hay de esas personas en nuestra vida a quienes amamos de verdad? ¿Cómo les hacemos saber nuestra opinión?". El paso clave aquí, obviamente, es que no le llamemos "decir la verdad"; llamémoslo *dar nuestra opinión*. Efesios lo considera un gran ejemplo de humildad.

Hace unos cinco años, nos visitó una amiga desde muy lejos. La conocíamos hacía mucho, y tenía la costumbre de venir a casa. Pero aquella vez se sintió diferente. Estaba un poco más distraída y distante. Se ofuscaba con facilidad y se ponía a la defensiva con nuestros hijos (algo muy extraño en ella).

Una mañana, no pudo soportarlo más y, con lágrimas de enojo, me dijo que había herido sus sentimientos. Me disculpé inmediatamente, aunque no estaba seguro de qué podría haber dicho o hecho para lastimarla. Le dije que lo mejor sería salir por un trago y conversar más acerca de lo que estaba ocurriendo.

Después de escucharla por unas buenas dos horas, llegué a la conclusión de que mi amiga estaba en una relación tóxica y codependiente. Tragué saliva.

Estaba en una encrucijada. ¿Debía darle mi opinión porque la amaba y realmente quería que fuera feliz? ¿O debía guardarme mi opinión para mí mismo porque no quería poner en riesgo nuestra relación, en caso que no estuviera de acuerdo conmigo o se pusiera a la defensiva?

Como dice el excelente libro *Crucial Conversations*, "el error que cometemos la mayoría en nuestras conversaciones cruciales es que creemos que debemos escoger entre decir la verdad y no perder una amistad".[1] Por supuesto, me gustaría que la cita dijera "la verdad" por "mi opinión", como un recordatorio a permanecer humildes, pero, por lo demás, creo que es una frase reveladora.

Es fácil asumir que realmente es esta la elección que afrontamos. La mayoría tenemos, por lo menos, una historia de una conversación que salió mal después de haber tratado de abrirnos y "tener que decirle la dura verdad a alguien". Para algunos, si somos honestos, el temor que sentimos al compartir con otros y otras nuestras opiniones puede ser igual al dolor de cuando recibimos las opiniones de los demás sobre nosotros o nosotras.

Realmente creo que la mayoría de las personas quieren escuchar nuestras opiniones. No desean ser embaucadas por sus propias ideas delirantes. Quieren ver las cosas tal y como son. Sin embargo, la dura realidad es que la mayoría tenemos muchas inseguridades que nos hacen muy sensibles a cualquier información que eche luz sobre nuestro ser de una manera negativa. Con eso en mente, gran parte de las personas no responden negativamente a lo *que* compartimos sino a *cómo* lo hacemos.

Compartirles a otros y otras nuestras opiniones en amor requiere más trabajo del que la mayoría estamos dispuestos a invertir en nuestras relaciones. De modo que, en lugar de hacer el esfuerzo, a menudo simplemente soltamos nuestra opinión cuando se nos da la gana (o se nos salen cuando las emociones se ponen al rojo vivo) y luego tratamos de defender nuestros dichos con justificaciones como "bueno, solo estoy diciendo la verdad, no es mi culpa si las personas no pueden soportarlo". O más a menudo en nuestra cultura "educada", seguimos el consejo de nuestros padres de "si no puedes decir algo agradable, mejor no digas nada". En teoría, suena bien, pero en la práctica resulta en volvernos distantes; a lo único que nos lleva es a desaparecer gradualmente de las relaciones (lo que las personas jóvenes llaman *ghosting*). Más que hacer el trabajo de encontrar el mejor modo de compartir nuestras opiniones, nos desvinculamos lentamente de personas que no creen, actúan o piensan tal como nosotros o nosotras.

En un mundo donde tenemos miedo de hablar de política con nuestro tío Pepe en las reuniones, porque convertirá el momento de la mesa en un circo pasivo-agresivo, decirles nuestras opiniones *en amor* a las personas es un arte perdido (uno que, desesperadamente, necesitamos que vuelva).

A continuación, hay algunos consejos prácticos dirigidos a quienes desean trabajar la manera de compartir sus opiniones a los y las demás en amor.[2] Sin embargo, antes de entrar en ellos, he aquí un breve descargo de responsabilidad: estoy escribiendo desde mi propia perspectiva de las ocasiones en las que queremos darles nuestra opinión a otros y otras sobre lo que percibimos como malas decisiones de vida. Esto no quiere decir que debemos conformarnos con que nuestra voz no sea escuchada. O que no debamos poner límites con personas que continúan deshumanizándonos en las conversaciones. A muchos cristianos, especialmente a las cristianas, se les ha enseñado lo que podría denominarse "amor de felpudo": que no ser escuchado y ser pisoteada una y otra vez es una virtud. Como si ser como Jesús se tratara de eso. Esto es, lisa y llanamente, una mentira.

Entonces, ten presente que cada uno de estos consejos debe filtrarse con la tradición de sabiduría bíblica que encontramos en el libro de Proverbios: "depende". Depende de la personalidad, de las circunstancias, del lugar donde estés en la vida, de las experiencias pasadas, de la salud mental, entre otras cosas más. Con eso dicho, aquí hay algunas cosas que valen la pena pensar.

CONOCE TU CORAZON

El famoso teólogo del siglo XVI, Juan Calvino, inicia su obra de conocimiento sobre Dios (su teología sistemática) de una manera curiosa. En el primer capítulo de su primer libro, hace una declaración interesante: "Para que puedas conocerte a ti mismo, debes conocer a Dios. Y para conocer a Dios, debes conocerte a ti mismo".[3]

Si lo dijo Juan Calvino hace casi quinientos años en un libro muy influyente sobre Dios, y la mayoría de los psicólogos seculares lo afirman hoy, entonces no importa cómo lo mires, es importante ser consciente de uno mismo.

Punto final.

En general. Para todo en la vida. Ser consciente de uno mismo es *esencial* si quieres que las personas se sientan amadas cuando compartas tus convicciones. Específicamente, sé consciente de los sentimientos, opiniones y equipaje que traes a la conversación. Nos gustaría pensar que nuestros motivos siempre son puros, pero no es el caso. He aquí lo que descubrí al equivocarme en esto tantas veces:

OCASIONES EN LAS QUE SÉ QUE MI CORAZÓN ESTÁ EN EL LUGAR EQUIVOCADO

Jared el mártir. Ha habido momentos en mi vida en los que quise obtener la insignia de "cristiano perseguido" y, dado que ese era, si no mi objetivo principal en una conversación, al menos un buen premio consuelo, no me esforzaba demasiado en suavizar la manera en que compartía mi opinión. Si estos tipos se enojan conmigo por decirles "la verdad", estoy siendo como Jesús (y eso se siente bien). Se siente incluso mejor cuando mis amigos me palmean la espalda con empatía al contarles lo que pasó.

Jared el recto. Una vez, en la universidad, un grupo de muchachos de otros dormitorios se trenzaron en un debate teológico (estallan como la plaga de 1350 cuando asistes a una universidad cristiana). En medio de la discusión, escuché gritar a alguien "¡Vayamos por Jared!". Sí, en ese entonces era igual de *nerd (*y mucho más, ejem... ¿cómo podría decirlo? "Competitivo"). Corrieron a mi cuarto y me dieron el contexto de su argumento. Recuerdo que salté y corrí por el pasillo sintiéndome Rocky Balboa.

Esa noche, en lo último que pensé fue si las personas de esa habitación se sentirían amadas. Quería que los demás admiraran mi sabiduría y asegurarme de tener la razón. Se siente bien convencer a las personas de que tienes la razón, porque ayuda a evacuar las dudas sobre uno mismo. He descubierto que cuanto más importante es para mí convencer a otra persona de que tengo razón en algo, más me doy cuenta de que estoy tratando de convencerme a mí mismo. En mi experiencia, cuando entro a una conversación sintiéndome inseguro o queriendo tener la razón, rara vez termino amando bien a la persona.

Jared el salvador. Soy un mesías en recuperación. Me gusta resolver las cosas. Soy un solucionador de problemas. Me llevó mucho tiempo darme cuenta de que meterme en conversaciones para arreglar a las personas es igual de hiriente que hacerlo para tener la razón. Honestamente, puedo dar fe de que tengo motivos puros en esta área. Quiero ser de ayuda, de verdad. Pero, en general, mi necesidad de ser servicial sobrepasa la necesidad de la otra persona de ser escuchada y amada. Al ponerme en la posición de reparador en lugar de amar, estoy satisfaciendo mis necesidades emocionales. Y esos son dos roles diferentes.

OCASIONES EN LAS QUE SÉ QUE MI CORAZÓN ESTÁ EN EL LUGAR CORRECTO

- Quiero lo mejor para la otra persona.
- Quiero que se sienta aceptada por quien es.
- Quiero que se sienta escuchada.
- Quiero que sepa que le comparto mi opinión porque la amo.
- Antes que nada, valoro mi relación con alguien por sobre lograr que esté de acuerdo conmigo.
- Estoy dispuesto a seguir relacionándome con esa persona, incluso si rechaza mi opinión.
- Respeto su capacidad de tomar decisiones.

Llegar a cumplir esta larga lista con las personas que amo ha sido toda una hazaña. Creo que esa es la labor de ser cristiano o cristiana. Se trata de tomarse el trabajo de amar bien.

CREA LAS CONDICIONES DE SEGURIDAD

Si de verdad estamos interesados en compartir nuestra opinión en amor con otra persona, no solo tenemos que tener los motivos correctos; también es importante que la otra persona se sienta segura en nuestra presencia. Obviamente, esto quiere decir físicamente a salvo, pero también emocionalmente. Si una persona se siente atacada, se pondrá a la defensiva. Si esto sucede, no deberíamos sentirnos ofendidos. Nuestro intento de compartir nuestras opiniones sobre sus decisiones la hizo sentir insegura.

Es un camino de doble vía. Si te sientes atacado o inseguro en una conversación, no es poco amoroso establecer límites y no participar. Quizás estés siendo demasiado sensible, y lo que están diciendo es algo que necesitas escuchar. Quizás estás siendo atacada emocionalmente y necesitas decirle a la otra personas que te estás sintiendo atacada, y luego irte. Es una llamada al discernimiento que deberás resolver en el momento. Por eso, estar consciente de uno mismo es tan importante. Solo tú, a fuerza de prueba y error, y crecimiento de madurez en sabiduría, puedes saber dónde está esa línea para ti.

Encontré tres cosas importantes a considerar para crear las condiciones de seguridad en una conversación: el tiempo adecuado, el lugar adecuado y la manera adecuada.

1. **Tiempo adecuado.** Compartir tu opinión cuando se acaba de generar un momento emocionalmente cargado no es lo ideal. A veces, esa es la única ocasión en la que nos sentimos lo suficientemente valientes para decir algo: la adrenalina corre por nuestras venas, de modo que tenemos la sensación de que es "ahora o nunca". Si esas son tus únicas dos opciones, escoge "nunca". O, mejor aún, apártate de la conversación y escribe lo que quieres decir, guárdalo durante uno o dos días, y luego vuelve a leerlo, edítalo y establece un momento para reunirte con la persona y hablarlo.

2. **Lugar adecuado.** Parece obvio, pero, probablemente, criticar las elecciones de alguien en presencia de otras personas no es una buena idea. Para la mayoría de la gente, es un lugar inseguro tanto para defender sus elecciones como para reconocer que estás en lo cierto. En mi experiencia, estas conversaciones llegan a buen término cuando se producen a solas y en lugares neutrales.

3. **Manera adecuada.** La condición de seguridad más importante es conversar de la manera correcta. Te ofrezco unas cuantas ideas, pero se podrían escribir libros enteros a partir de la siguiente lista.

- *Respeto*: la sabiduría de demostrar con tus palabras y lenguaje corporal que la otra persona merece tu atención, tiempo y compromiso sincero, independientemente de sus diferencias.
- *Escucha activa:* la sabiduría de buscar entender antes de ser entendido.
- *Curiosidad:* la sabiduría de preguntarte por qué, una y otra vez, hasta que te puedas posicionar desde el interés y no desde el juicio.
- *Humildad:* la sabiduría para disculparte cuando has lastimado a alguien o te equivocas y para no hacerlo cuando alguien te lastima a ti o cuando no estás equivocado.

En resumen, podríamos referirnos a la lista de qué significa amar según el libro de bell hooks: mostrar cuidado, afecto, reconocimiento, respeto, compromiso y confianza, al igual que una comunicación honesta y abierta.

SIGUE LA REGLA DE PLATINO

Una vez, les di un consejo a dos hermanos que no se llevaban bien. En su relación, uno de ellos encontraba conexión e intimidad a través del conflicto. Una acalorada discusión con honestidad brutal era el camino hacia el corazón de este hombre. Su hermano era todo lo opuesto. Evitaba tanto el conflicto, que si llegaba a sentir que la conversación comenzaba a subir de temperatura, se retiraba y se desconectaba del interlocutor. Para los fanáticos del eneagrama, uno de los hermanos era un 8 y el otro, un 9.

Así que, a lo largo de cuarenta años de relación, habían desarrollado un patrón muy arraigado: cuanto más buscaba uno de ellos relacionarse de la manera en que, para él, funcionaba, más se refugiaba el otro. Y esta distancia hacía que el primero escarbara más, lo cual provocaba que el otro se resguardara aún más. Era un círculo vicioso bastante feo, a pesar de que ambos deseaban con todas sus fuerzas una relación sana.

¿Cuál era el problema? La regla de oro: "Así que en todo traten ustedes a los demás tal y como quieren que ellos los traten a ustedes" (Mateo 7:12).

Me oyeron bien. La regla de oro tiene sus límites. Volvamos a la analogía de la comida. ¿Qué si usara la regla de oro para alimentar a mi bebé de seis meses y simplemente le diera una cerveza y un plato de espagueti? Eso haría si quisiera darle lo mismo que me gustaría recibir a mí.

La regla de oro es un buen punto de inicio. No obstante, si no oímos bien las necesidades de la otra persona, podemos emplearla para herir seriamente.

Por eso, adhiero a la regla de platino: "Traten a los demás como ellos quieren ser tratados". Bien puede pasar que, en un ambiente en el que yo sufriría, otros puedan desarrollarse. Por eso, la comunicación honesta está en el corazón del amor. Amamos bien cuando entendemos quién *es* el otro o la otra y nos comportamos en consecuencia. No amamos bien cuando nos comportamos de acuerdo con quienes *queremos* que sean o quienes asumimos que son por quienes nosotros o nosotras somos.

Esto conecta nuevamente con uno de los principios fundamentales de la verdad como afirmación de la libertad: trata a las personas como adultos responsables de sus propias decisiones. Si permites que las personas sean personas y no intentas controlarlas desde tu supuesto "amor", aprenderás cómo desean ser tratadas y, por ende, las tratarás conforme a ello.

AMAMOS BIEN CUANDO ENTENDEMOS QUIÉN ES EL OTRO O LA OTRA Y NOS COMPORTAMOS EN CONSECUENCIA.

Para mí, la Biblia es el fundamento de todo esto, pues nos da una trayectoria, las herramientas y el anclaje para unirnos y construir un futuro fiel a la tradición cristiana. No puede crear nuestro futuro, porque fue escrita en el pasado; sin embargo, puede darnos lo que necesitamos, junto con el Espíritu de Dios, aquí y ahora, para reimaginar qué significa amar como Jesús en el siglo XXI.

EL DESORDEN DEL AMOR

Siendo pastor, tuve que aprender muchas de estas lecciones por las malas. Con veinticuatro años, era parte de un equipo de cinco pastores en una congregación de trescientas personas. Muy joven. Probablemente, demasiado. El pastor de jóvenes tenía veinte años más que yo. Así que, para bien y para mal, ser pastor fue un curso intensivo sobre "hablar la verdad en amor". Con énfasis en *intensivo*.

En la congregación había una joven que, probablemente, tenía dos o tres años más que yo y me consideraba su pastor principal. Habíamos tenido muchas conversaciones. Confiaba en mí, y yo la cuidaba. Ella estaba saliendo con alguien que había conocido por internet, y recientemente le había propuesto matrimonio. Quería que yo oficiara la boda. Según nuestra política eclesial, eso implicaba que debía darles algo de consejería premarital. Él pidió hablar conmigo para dejarme saber que no necesitaban consejería premarital y que estaban bien. Primera alarma.

Yo insistí, y finalmente aceptó tomar algunas sesiones. En nuestro primer encuentro, se lo notaba claramente incómodo (no como "vaya, esta es una situación incómoda", sino más bien como "ya, déjame en paz"). Incluso hubo algunas preguntas a las que respondió "¿Por qué necesitas saber eso?". Segunda alarma.

Conforme procesaba esas pocas sesiones, me iba sintiendo cada vez más incómodo con su relación. Él parecía ser muy controlador y carecer de empatía. Claro, muchas de esas experiencias eran nuevas para mí, así que me llevó unas semanas, probablemente meses, unir las piezas. Todo lo que sabía al principio era que algo estaba fuera de lugar. Pasé por todos los estadios de inseguridades: ¿Es para tanto? ¿Esto me concierne? Solo voy a oficiar la boda, ¿qué derecho tengo de meterme en sus cosas?

Empecé a entrar en conflicto con esa pregunta. ¿Puedo decir la verdad en amor o estoy poniendo en riesgo esta relación? Como a ocho semanas de la boda, supe lo que tenía que hacer. Llamé a esta joven y le dije cómo me sentía y que no estaba cómodo en proseguir con la boda. ¿Tiempo correcto? Probablemente, no. ¿Lugar adecuado? Probablemente, tampoco. Sin embargo, hice lo que pude para tratarlo de la manera adecuada.

Tal como temía, se puso a la defensiva. Se sentía traicionada. No pudo escuchar lo que estaba diciendo. Todo lo que oyó era que yo no estaba dispuesto a oficiar la boda. Compartir mi opinión hirió sus sentimientos en el momento, pero había chequeado mis motivaciones, y sabía que era lo correcto. Al año, desafortunadamente, mis sospechas fueron confirmadas. Él la estaba manipulando emocionalmente, estaba siendo controlador y abusando físicamente de ella. Algunos amigos de ella la sacaron de la situación. Sucedió hace más de una década. Nuestra relación estuvo un poco pedregosa durante un tiempo, pero, en lugar de decir "te lo dije", expresé "¿Cómo puedo ayudar?". Continuamos siendo amigos y estamos en contacto con regularidad. El amor es más importante.

La Biblia nunca tuvo la intención de ser un manual de psicología o un estudio académico de la sociedad y las relaciones humanas, *pero es un marco capaz de expandirse para incluir todo el conocimiento que tenemos hasta ahora*. En otras palabras, la Biblia nos da este mandamiento: amar a Dios. Amar a otros. Amarte a ti mismo.

Lo que eso significa cambiará con el tiempo a medida que el Espíritu nos guíe a toda la verdad (Juan 16:13). La meta nunca cambia. El amor sigue siendo el fin. Y, en ese sentido, siempre debemos ser fieles y estar atados, o anclados, a esta trayectoria de la Biblia. Pero *el significado de amar bien* puede y debe cambiar en cada generación conforme incorporamos el conocimiento dado por Dios que adquirimos a través del estudio científico, histórico y teológico. Entonces, ¿qué lugar tiene la Biblia en esto? Es la pila de compost necesaria que proporciona todos los nutrientes necesarios para convertirnos en una comunidad floreciente y fiel al testimonio de los hermosos santos y santas, cuyas experiencias están registradas en la Biblia y en el resto de la historia de la iglesia.

Es un desorden increíble. La respuesta a cuándo y cómo darles nuestra opinión en amor a las personas no es simple. Søren Kierkegaard lo pone de esta forma:

> Todo lo que sé con certeza es que Dios es amor. Aun cuando me he equivocado sobre esto o aquello, no obstante, Dios es amor. Si he cometido un error, quedará bastante claro; de modo que me arrepiento. Y Dios es amor. Él es amor, él no fue amor, tampoco será amor; incluso ese futuro fue demasiado lento, él es amor. Cuán asombroso. A veces, quizás, mi arrepentimiento no es inmediato, entonces, hay futuro. Pero Dios no mantiene en espera a nadie, él es amor. Como agua de manantial que mantiene la misma

temperatura en verano e invierno, así es el amor de Dios. Su amor es un manantial que nunca se seca.[4]

CAPÍTULO DIEZ

UNA FE MAS AUTÉNTICA

Mi esposa y yo nos casamos a los diecinueve años, a tan solo trece meses de habernos conocido y luego de salir por once meses. Para que te des una idea, incluso nuestros amigos cristianos de la universidad, mucho de los cuales se inscribieron con el propósito explícito de casarse, pensaron que nos estábamos apurando.

CENA CON TEATRO

A unos meses de nuestra boda, recibimos una invitación de nuestros amigos a participar en una experiencia de cena con teatro. En realidad, no teníamos ni idea de qué era exactamente, pero nos apuntamos. Resultó ser un asesinato misterioso en el que todos tuvimos que fingir ser un determinado personaje durante toda la noche y, al mismo tiempo, tratar de averiguar "quién lo había hecho". Esa velada, aprendí algo muy importante sobre mi esposa: es una pésima actriz.

No pésima en el sentido de "está bien, riámonos; véanme, soy realmente mala". Sino más bien al nivel de abandonar el lugar, en llanto, durante veinte minutos. Desde ese entonces, aprendí, vez tras vez, que mi esposa está construida para ser auténtica. Lo que ves es lo que hay. El problema de esa noche no pasaba por la habilidad; se le había pedido que hiciera algo para lo cual simplemente no está hecha: fingir ser algo que no es.

Hubo ocasiones en las que no me sentí para nada entusiasmado con esta característica. Si una amiga la ofendía, mi esposa no iba a poder fingir una sonrisa cuando se la cruzara en una cafetería. No. Sería ella misma hasta tener la oportunidad de resolver el problema. Eso hizo que, a veces, las cosas se pusieran incómodas. Pero mi esposa está diseñada para ser fiel a sí misma. No puede fingir física ni emocionalmente. Y a medida que he madurado, aprendí cuán increíble es estar en una relación con alguien que no finge.

Si soy del todo honesto, su autenticidad también me ha ofendido, porque contradijo una creencia que tenía desde niño: fingir para encajar es necesario para sobrevivir. Su autenticidad desató mi miedo más profundo: que mi verdadero yo no fuera aceptado por mis grupos sociales. Su autenticidad puso al descubierto mi hipocresía. Sin embargo, con el tiempo, mi esposa me enseñó el valor de ser honesto con uno mismo, y comencé a bajar la guardia.

Hay un lugar donde el Nuevo Testamento traduce *verdad* con una palabra de la cual todavía no hemos hablado. En Juan 4, Jesús está conversando con la mujer samaritana. Están teniendo un debate amistoso sobre si los judíos o los samaritanos adoran a Dios correctamente. Jesús le había dicho: "Pero se acerca la hora, y ha llegado ya, en que los verdaderos adoradores rendirán culto al Padre en espíritu y en verdad, porque así quiere el Padre que sean los que le adoren. Dios es espíritu, y quienes lo adoran deben hacerlo en espíritu y en verdad" (Juan 4:23–24).

Aquí, la palabra para *verdad* es única. Está relacionada con *aletheia, el término* griego detrás de todos los ejemplos que vimos en el capítulo 4. Sin embargo, es diferente: *alethinos*. Significa "no falso", "auténtico". Esto es de una extrema importancia en el giro que hoy necesitamos hacer como cristianos y cristianas. Por alguna razón, hemos llegado a pensar que el cristianismo se trata de creer lo correcto. Pero la verdadera adoración, como

Jesús dice aquí, no es sobre adorar a Dios con las creencias correctas, sino sobre adorar a Dios sin falsedad, sin fingir.

JESUS Y LOS HIPOCRITAS

De hecho, del modo en que lo expresa Mateo, Jesús no tiene casi nada para decir sobre las personas que creen cosas erróneas sobre Dios o la Biblia, pero tiene un bote lleno de cosas para decir sobre los peligros de tratar de pretender ser algo que no somos. El único juicio real que emite Jesús es para las personas con poder que usan las reglas y regulaciones para fingir que son los más puros y así seguir controlando a los que no tienen poder.

Mateo usa la palabra *hipócrita* más que cualquier otro libro en el Nuevo Testamento.[1] Es un término con mucha carga hoy en día, pero simplemente proviene de la palabra griega usada para "actor". La primera parte, *hypo*, significa "debajo" y era usada porque los actores a menudo usaban máscaras para retratar diferentes caracteres o emociones. De modo que se actuaba "bajo" la máscara. Cuando Jesús increpa a los pastores de sus días, les dice que pretenden ser algo que no son. Luego lo especifica: "Pero no hagan lo que hacen ellos, porque no practican lo que predican. Atan cargas pesadas y las ponen sobre la espalda de los demás, pero ellos mismos no están dispuestos a mover ni un dedo para levantarlas" (Mateo 23:3–4).

Este es un ejemplo perfecto de lo que la mayoría quiere decir cuando hacen referencia a "hablar la verdad en amor": es decir la verdad sin poner el amor en acción. Les explican arrogantemente las reglas a todos los demás, pero no entran al juego. Colocan cargas acerca de cómo comportarse sobre los hombros de las personas, pero no están dispuestos a sobrellevar esas cargas juntos. Deberían hombrear junto a las demás personas, pero no están dispuestos a arremangarse y levantar la pala.

Esta es la razón por la que era tan importante tener en cuenta el contexto de la declaración de Pablo sobre "hablar la verdad en amor" en el capítulo 4. Porque si no entiendo lo que significa estar "en amor", no puedo practicar lo que predico y me vuelvo un hipócrita que dice la verdad. Sin amor, la verdad no está en nosotros y nosotras, sin importar qué les digamos a las personas.

La autenticidad no está muy lejos de la manera en que otras partes del Nuevo Testamento hablan sobre la verdad. Como vimos en el capítulo 4, la honestidad y el testimonio justo son partes de cómo la Biblia describe el andar en la verdad. Fingir es otra palabra para ser deshonesto o engañoso. Ser falso es mentirles a las personas sobre quién eres en verdad.

Jesús se dirige a los pastores y eruditos bíblicos de su época en lo que se conoce como "los siete ayes". Empieza diciendo: "¡Ay de ustedes, maestros de la ley y fariseos, hipócritas!", y luego explica:

1. "Les cierran a los demás el reino de los cielos, y ni entran ustedes ni dejan entrar a los que intentan hacerlo" (23:13)
2. "Recorren tierra y mar para ganar un solo adepto, y cuando lo han logrado lo hacen dos veces más merecedor del infierno que ustedes" (23:15)
3. "[Ustedes] dicen: 'Si alguien jura por el templo, no significa nada; pero, si jura por el oro del templo, queda obligado por su juramento'. ¡Ciegos insensatos! ¿Qué es más importante: el oro, o el templo que hace sagrado al oro?" (23:16–17).
4. "Dan la décima parte de sus especias… Pero han descuidado los asuntos más importantes de la ley, tales como la justicia, la misericordia y la fidelidad" (23:23).

5. "Limpian el exterior del vaso y del plato, pero por dentro están llenos de robo y de desenfreno" (23:25).
6. "Son como sepulcros blanqueados. Por fuera lucen hermosos, pero por dentro están llenos de huesos de muertos y de podredumbre" (23:27).
7. "Construyen sepulcros para los profetas y adornan los monumentos de los justos. Y dicen: 'Si hubiéramos vivido nosotros en los días de nuestros antepasados, no habríamos sido cómplices de ellos para derramar la sangre de los profetas'" (23:29-30).

Permíteme ofrecerte mi mejor interpretación de los siete puntos que acabamos de leer:

- Excluyen a personas que quieren ser incluidas.
- Les importa más la conversión que el crecimiento de las personas.
- Valoran más el brillo del oro que la simplicidad de la práctica fiel.
- Siguen reglas legalistas pero ignoran aquello a lo que estas apuntan: justicia, misericordia y fidelidad.
- Fingen ser generosos y abnegados, pero en realidad son codiciosos y autoindulgentes.
- Son buenos mostrándose vitales mientras por dentro están muertos.
- Celebran a los que le dijeron la verdad al poder en el pasado, mientras condenan a los que intentan hacer lo mismo hoy.

Decir que eres inclusivo cuando en realidad excluyes a las personas, decir que te preocupas por la gente antes que por los números, cuando en realidad diseñas programas destinados a crecer en número en lugar de apuntar al crecimiento de las personas es como, para Jesús, luce la hipocresía. Es lo opuesto al verdadero amor.

Los líderes religiosos de los días de Jesús eran muy buenos en "hablar la verdad", pero en lugar de estar "en amor" con su prójimo, estaban enamorados de sí mismos. Su motivación era proteger los beneficios y el control que tenían por sobre proclamar que Dios había llegado para liberar con amor. De ese modo, no estaban viviendo honestamente, sino de manera falsa. No estaban caminando en verdad, como manda Juan, sino en la oscuridad.

¿Cómo sería revertir lo que Jesús señaló sobre los líderes religiosos de su época?

- Incluye a personas que quieren ser incluidas.
- Preocúpate más por las personas que por su conversión.
- Valora más la práctica fiel antes que el dinero.
- Presta más atención a la justicia, la misericordia y la fidelidad, y considera las reglas como algo secundario.
- Admite cuando seas codicioso y autoindulgente.
- Admite cuando estás muerto por dentro.
- Celebra a quienes trabajan por la justicia, la misericordia y la fidelidad, incluso si pisotean tu propio poder.

RUMBO A AMAR DE MANERA AUTÉNTICA

Durante los últimos años, estuve asesorando a una persona que le importa la autenticidad por sobre todo lo demás. El problema es que, a veces, puede ser un verdadero idiota (título que acepta de buena gana). Hemos pasado una buena cantidad de horas hablando sobre esta tensión, haciéndonos la pregunta "¿La autenticidad significa ser un idiota?".

Queremos que las personas sean verdaderamente quienes son. Respetamos y aplaudimos la autenticidad. Pero, ¿qué pasa si alguien es, bajo su propia definición, un idiota? No intentan ocultarlo. Valoran la autenticidad por sobre todo lo demás, y de ese modo son virtuosos al *ser ellos mismos*, aun si ser *ellos mismos* es ser bastante egoístas.

Para decirlo de otra forma, "ser fiel a uno mismo" es complejo. Es luchar constantemente entre ser y convertirse, entre quiénes somos y quiénes queremos ser. Es aceptarnos a nosotros mismos exactamente como somos y, aun así, admitir ante otros y nosotros mismos que es un proceso inacabado. La verdad es que es una cuerda floja bastante complicada de caminar.

"SER FIEL A UNO MISMO" ES COMPLEJO. ES LUCHAR CONSTANTEMENTE ENTRE SER Y CONVERTIRSE, ENTRE QUIÉNES SOMOS Y QUIÉNES QUEREMOS SER.

Sea lo que sea que entendamos por "autenticidad" y "ser fieles a nosotros mismos", comienza por reconocer que todos usamos una máscara y que nuestra preocupación por mantenerla bonita nos distrae del verdadero trabajo de convertirnos en el tipo de persona que queremos ser. En otras palabras, si realmente estoy interesado en la verdad, tengo que comenzar por decirme la verdad a mí mismo sobre mí mismo.

Muchos de nosotros nos hemos vuelto muy buenos en decirles a los demás la verdad y muy malos en decirnos la verdad a nosotros mismos. Esto, dice Jesús, es exactamente el problema con los fariseos. No creo que la mayoría nos hayamos metido en este camino por tener el corazón de Cersei Lannister y estar tras el Trono de Hierro.[a] Más bien, creo que es una cultura que hemos construido en la iglesia durante las últimas décadas. Y francamente, sucede que es más simple. Es más simple decirles a las personas dónde están metiendo la pata. Es más fácil pretender que tenemos todo resuelto. Pero eso no es caminar en la verdad: "Si afirmamos que no tenemos pecado, nos engañamos a nosotros mismos y no tenemos la verdad" (1 Juan 1:8). Ser auténtico no debería ser una excusa para quedarnos cortos de empatía, bondad y compasión.

Esta tensión va hacia ambos lados. Para algunos es más difícil ser amables con nosotros mismos, incluso cuando lo somos con otros. En otras palabras, algunos y algunas somos mejores para decir verdades de gracia y bondad a los demás que a nosotros mismos. Esto también es un tipo de hipocresía. Puede que no sea tan dañina como otras, pero es dañina con nosotros.

A finales de mis veinte, perdí mi trabajo como pastor en una iglesia grande cerca de Philadelphia. Nunca se me había ocurrido la idea de que podría no ser pastor por el resto de mi vida. De hecho, pareciera como si mi educación hiciera de esto casi una certeza. Después de todo, ¿qué hace un joven de casi treinta años con un título en filosofía, otro en religión y tres niños menores de tres, sino enseñar y pastorear?

Bueno, en mi caso, unos cuantos amigos y yo empezamos una compañía. Sin formación previa ni entrenamiento, iniciamos una empresa de *marketing* que consultaba y creaba marcas, sitios web y folletos. Luego de unos meses, estaba en salas llenas de directores y equipos creativos. Y me estaban mirando, esperando que les enseñe cómo hacer para llevar al siguiente nivel sus estrategias de venta. La compañía siguió creciendo, y even-

---

a. Referencia a la serie Game of Thrones. (N. del t.)

tualmente empecé a sentirme confiado. Sin embargo, durante los primeros meses, entré en pánico cada vez que tenía que ir a visitar a un cliente. Estaba seguro de que iba a quedar expuesto por lo que era: un fraude.

Resultó ser que era un buen consultor y, hasta donde me consta, no creo haberle dado un mal consejo a nadie. Sabía lo que estaba haciendo, pero debido a que no tenía experiencia alguna ni títulos, asumía que todos sabían más que yo. Incluso, luego de algunos años de éxito, todavía tenía el sentimiento de que algún día alguien se iba a enterar. Hay un término psicológico para esto: síndrome del impostor.

Es el sentimiento de que todos en un grupo saben más que tú y que estás a un error de distancia de quedar expuesto y de que te digan que el hecho de haberte permitido estar en sus vidas fue un gran error. Hay muchos cristianos y cristianas que padecen el síndrome del impostor todos los domingos. El pastor presenta un modo de vida ideal que parece surrealista e inalcanzable, pero al mirar alrededor y ver que todos mantienen la calma y asienten con sus cabezas, asumimos que, tal vez, somos los únicos que no dan la talla. "Debo estar roto". "Debo estar mucho peor que los demás". Y nuestros peores miedos se confirman: "Estoy más allá de cualquier ayuda, y una vez que todos se enteren, me expulsarán".

Síndrome del impostor. Empezamos a fingir. Nos ponemos una máscara y aprendemos a la perfección lo que tenemos que decir y lo que tenemos que hacer en público para que todos piensen que somos buenas cristianas y buenos cristianos. Oramos todos los días y pedimos que nadie se entere de la verdad. ¿Te suena familiar?

Esta fue mi realidad durante muchos años. Trabajé arduamente por años en crear mi máscara. A menudo, tenía la máscara más bonita, y era impecable. Incluso si mirabas de cerca, no habrías podido percatarte de que lo que estabas viendo no era mi rostro. Honestamente, me había convencido de que no llevaba una máscara en absoluto. Por cierto, así es como obtienes la mejor máscara de todas. Tienes que engañarte a ti mismo. Si lo logras, el resto es bastante fácil.

El problema era que había pasado tantos años trabajando en mi máscara, que no había hecho demasiado trabajo en mi verdadero yo. Es como esos tipos del gimnasio que gastan toda su energía comprando el equipamiento correcto, asegurándose de que su peinado luzca bien, y haciendo todos los movimientos necesarios para que las personas piensen que son parte del lugar. Hacen que parezca tan sencillo. Están tan ocupados con lo superficial que no están desarrollando ningún tipo de musculatura real. Desarrollan "músculo imaginario". Y algunas personas se vuelven tan buenas desarrollando "músculo imaginario" que ni siquiera notarías la diferencia.

Sustituye el gimnasio con la iglesia, y me veo a mi mismo y a la cultura cristiana en la que nací. Veo un grupo de personas que asumen que todos a su alrededor son seres morales que pasan todo el tiempo leyendo la Biblia y viviendo como Jesús, y así se sienten como si fueran fraudes e impostores. Y, debido a que todos queremos pertenecer y que nadie quiere ser expuesto como un impostor, empezamos a fingir. Invertimos mucha energía, pasamos más y más tiempo trabajando en nuestras máscaras, y menos trabajando en quienes somos en verdad. Muy pronto, ya ni siquiera reconocemos la diferencia.

La parte viciosa de este ciclo es que, cuanto más pretendemos, más nos convencemos de que no se aceptará nuestro verdadero yo. Y, francamente, dado el modo en que hemos tratado a nuestras hermanas mujeres, a los divorciados y a quienes pertenecen a la comunidad LGBTQ en los últimos cincuenta años, puede que no estemos equivocados. Este proceso de aprender a ser sinceros con nosotros mismos y otros puede ser increíblemente doloroso, ya que muchas de nuestras iglesias están construidas para fingir.

Estoy convencido de que el antídoto para este tipo de hipocresía es la *transparencia vulnerable*. Sacarse la máscara y ver cuán feos podríamos habernos puesto por haber descuidado los "asuntos más importantes de la ley" (Mateo 23:23) es un proceso doloroso.

Fue doloroso darme cuenta de todo el tiempo que había fingido. Tuve que enfrentar el hecho de que no era tan bueno como pensaba; no era tan amoroso como pretendía ser; no era tan parecido a Cristo como estaba tratando de expresar con la máscara que tanto me había costado construir. Como dice Richard Rohr, "sí, 'la verdad te librará' como dice Jesús (Juan 8:32), pero primero tiende a volverte miserable".[2]

Ese día también fue cuando me di cuenta de que Dios no iba a fulminarme por tener defectos. Conforme iba quitando una capa tras otra, comencé a darme cuenta de que *ese* era el verdadero significado de "gracia". Que Dios es un lugar de aceptación radical. Y eso me llevó a empezar a buscar otras comunidades que mostraran esa misma aceptación radical. No porque quisiera seguir siendo el mismo y vivir con mis fallas a cuestas, sino precisamente porque no quería eso. ¿Recuerdas la paradoja del cambio? No es el juicio el que lleva a cambiar, sino la aceptación. Este es el corazón de lo que significa decir que el amor es más importante. Es más importante que nuestras deficiencias. Es más importante que tratar de ser el guardián de la puerta de nuestras comunidades. Es más importante que vigilar el comportamiento de otras personas.

EN QUIÉNES NOS ESTAMOS CONVIRTIENDO

La autenticidad, ser fieles a nosotros y nosotras mismas, es la meta final. Pero es un paso crítico. Como vimos antes en la lista de Jesús, caminar en la verdad es más que solamente ser auténticos. El amor verdadero requiere cambio, no solo reconocer las fallas morales y deficiencias en nuestra personalidad. También se centra en quiénes nos estamos convirtiendo.

¿Cómo hubiese sido para un fariseo *volverse* auténtico? ¿Hubiese implicado que dijera "tienes razón. Somos codiciosos, autoindulgentes y estamos muertos por dentro. Uf, me siento mejor. Gracias por empujarnos a empezar a ser fieles a nosotros mismos"?

Ser fiel a ti mismo solo llega lejos si tu "yo mismo" es un idiota.

Como dijimos, la autenticidad consiste en ser honestos con nosotros mismos y trazar un nuevo camino de crecimiento basado en lo que aprendemos. Así es como sabemos en quiénes nos estamos convirtiendo. La verdadera pregunta es: "¿Qué tan cerca está nuestro yo real del yo que queremos ser?".[3]

De modo que, para los cristianos y las cristianas, ser fieles a nosotros mismos es un proceso de dos pasos:

- ¿Qué tan cerca está quien queremos ser del modelo de amor que vemos en Jesús?
- ¿Qué tan cerca está nuestro yo real, cotidiano, de quienes queremos ser?

Para decirlo de manera más simple, ¿mi amor hacia Dios, hacia los demás y hacia mí mismo está en una relación adecuada?

Estos son objetivos en movimiento. Nuestra visión del amor se amplía cuando aprendemos algo nuevo sobre Jesús o tenemos una experiencia con otro ser humano. No es un conjunto estático de reglas. Desplazarse desde las creencias correctas hacia el amor verdadero significa pasar de una fórmula de cómo no equivocarse a un proceso caótico y no lineal de averiguar cómo amar como Jesús. Y ese proceso caótico y no lineal es lo que llamamos "sabiduría".

Algunos podrán decir "¿Pero qué de las personas que no quieren ser amorosas?". La respuesta corta es "No me preocupan. No estoy en el negocio de cambiar los corazones". Allí es donde debemos confiar en el Espíritu de Dios y el Jesús del que Pablo habla cuando dice: "El que comenzó tan buena obra en ustedes la irá perfeccionando hasta el día de Cristo Jesús" (Filipenses 1:6).

El viaje hacia amar de manera auténtica no debe ser vigilado. No ha de ser regulado. El programa *Queer Eye* es un buen ejemplo de esta confianza en Dios, esta noción de que el amor verdadero empieza con la aceptación y el respeto, y solo después es momento de dar opiniones y devoluciones. En la segunda temporada hay una historia muy bella. Una mujer respetada en su iglesia tiene un hijo gay. Ella se siente incómoda y, durante algunos años, se esconde detrás de "la verdad" antes de darse cuenta de que está llamada a amar. Punto final. No está llamada a juzgar. No está llamada a dar su opinión. Está llamada a caminar en la verdad.

Se disculpa con su hijo por su falta de amor y luego se para en frente a su congregación y les pide que hagan lo mismo.

Es tiempo de dejar de fingir. Nuestras iglesias han perpetuado la hipocresía en nombre de la verdad. No han sido lugares seguros para los pecadores (lo cual, por cierto, nos incluye a todos y todas). Si te has posicionado en un lugar en el que no pecas o en uno en el que ni siquiera amas y pones excusas para tu pecado, entonces no tienes una visión lo suficientemente amplia del pecado. Has manipulado los límites del pecado para incluirte a ti y para excluir a otras personas. Diría que has tomado el pecado a la ligera y te has equivocado por completo en cómo podríamos superar nuestras debilidades y fracasos.

El camino no es a través de la culpa, la vergüenza o la exclusión; sino a través de la afirmación, la celebración y la inclusión. Necesitamos confiar que el Espíritu de Dios está en control, y no nosotros. Necesitamos abrirnos camino hacia los lugares donde la transparencia vulnerable como paso hacia el verdadero amor sea celebrada y no vista como una afrenta a las reglas y regulaciones que hacen que todo se mantenga en el lugar adecuado. Necesitamos un lugar donde no haya juicio, sino arrepentimiento; donde no haya castigo sino perdón.

Hablar la verdad en amor, entonces, se vuelve un ejercicio de ayudar a las personas a ser honestas sobre la brecha entre quienes son y quienes quieren ser, luchar en comunidad sobre cómo puede que Dios no nos esté llamando a todos y todas a ser iguales. Y luego, podemos caminar juntos, codo a codo, en nuestro mayor potencial, confiando que "el que comenzó tan buena obra en ustedes la irá perfeccionando hasta el día de Cristo Jesús". En otras palabras, las iglesias deben ser lugares en donde podamos crecer en sabiduría crística.

CAPÍTULO ONCE

EL AMOR ES MAS IMPORTANTE

En Levítico 19 hay algunas leyes extrañas, aunque también grandes instrucciones, como "Cuando algún extranjero se establezca en el país de ustedes, no lo traten mal. Al contrario, trátenlo como si fuera uno de ustedes. Ámenlo como a ustedes mismos, porque también ustedes fueron extranjeros en Egipto. Yo soy el Señor y Dios de Israel" (Levítico 19:33–34), y "No seas vengativo con tu prójimo, ni le guardes rencor. Ama a tu prójimo como a ti mismo. Yo soy el Señor" (Levítico 19:18).

En la Biblia hay una historia donde Jesús le pregunta a un experto en la ley cómo cree que una persona hereda la vida eterna. La pregunta es: "¿Qué está escrito en la ley? ¿Cómo la interpretas tú?" (Lucas 10:26). Este experto contestó: "'Ama al Señor tu Dios con todo tu corazón, con todo tu ser, con todas tus fuerzas y con toda tu mente', y 'ama a tu prójimo como a ti mismo'". Había leído bien Levítico 19.

Sabe la verdad. Pero, como muchas personas religiosas que conozco, "quería justificarse, así que le preguntó a Jesús: '¿Y quién es mi prójimo?'". Jesús respondió con la famosa parábola del buen samaritano (Lucas 10:25-37), donde ubica a un hombre de Samaria, miembro de un grupo despreciado en los días de Jesús, en el lugar de aquel que amó a su prójimo como a sí mismo.

Esta historia es una revolución a muchos niveles. Jesús cambió el significado de Levítico 19 para incluir a los no israelitas. No estamos llamados a amar solamente a los nuestros, a quienes piensan y actúan como nosotros y nosotras; más bien, somos prójimos incluso de quienes odiamos y de quienes nos odian. Cuando usamos *defender la verdad* como excusa para enmascarar nuestra rudeza, juicio o desagrado hacia quienes son diferentes a nosotros y nosotras, nos autocondenamos de la misma manera en que el experto de la ley "quería justificarse". Y Jesús nos responde señalándonos esta parábola que enseña como amar a nuestros prójimos, y concluye con estas palabras: "Anda entonces y haz tú lo mismo" (Lucas 10:37).

LOS MUSULMANES AMAN A SU PROJIMO

La parte más escandalosa de la parábola del buen samaritano es que si "amar a tu prójimo como a ti mismo" es lo que se necesita para heredar la vida eterna, resulta ser que el samaritano –considerado por los judíos como falso adorador de Dios– es el que está en el camino correcto. Aquí lo importante no era el conocimiento del experto de la ley, sino su *corazón:* quería usar su inteligencia para justificar sus acciones poco amorosas hacia quienes no eran como él, y Jesús lo escandalizó.

En diciembre del 2015, en Kenia, un autobús viajaba de Nairobi a Mandera. En algún lugar del camino, se detuvo abruptamente cuando miembros fuertemente armados de al-Shabab, un grupo extremista islámico, los interceptaron. Obligaron a bajar a todos y les dijeron que se agruparan por religión: musulmanes de un lado y cristianos del otro. Los musulmanes sabían lo que sucedería si se dividían: los cristianos serían acribillados. Salah Farah, uno de los hombres en el autobús, relató el evento: "Nos dijeron que, si éramos musulmanes, estaríamos a salvo". Pero en lugar de escoger la seguridad, escogieron el amor. Se rehusaron a separarse. Farah dijo: "Les pedimos que nos maten a todos o nos dejen en paz".

Eventualmente, los extremistas se fueron, frustrados, pero no sin antes disparar varias ráfagas. Una de las balas hirió a Salah Farah, y murió un mes después en el hospital. Pero antes de morir, le dijo al reportero: "Somos hermanos. Lo único diferente es la religión, de modo que les pido a mis hermanos musulmanes que cuiden de los cristianos para que los cristianos también nos cuiden a nosotros… Ayudémonos unos a otros y vivamos juntos en paz".[1]

¿Quién es mi prójimo? Salah Farah era el prójimo de ese autobús lleno de cristianos que salvó. No hay tensión entre la verdad y el amor. Claro, la verdad es importante. Y el amor aún más.

"DEBO LEVANTARME Y LUCHAR POR ÉL COMO SI MI CABELLO ESTUVIESE EN LLAMAS!"

Sara Cunningham es una cristiana que estaba ocupada en los asuntos propios de ser madre y esposa, cuando su hijo de diez años le dijo: "Soy gay". Ella no se lo tomó en serio, y lo consideró parte del cuestionamiento normal de los niños de su edad. Ya se le pasaría. Cuando el muchacho, Parker, tenía diecisiete, se lo dijo de nuevo. Ella era incapaz de oírlo. Estos son algunos de los recuerdos de Sara de esa conversación:

> Le grité: "¡Ni siquiera deberías estar pensando en estas cosas!".
> Él respondió: "¡No te estoy hablando de sexo, mamá! Te estoy contando lo que me pasa por la cabeza, quién soy como persona. Ser gay no cambia quien soy ni lo que creo…".
> Volví a gritarle: "¡PUES NO SEAS GAY, Y YA!".
> Con su puño apretado, se puso de pie y me gritó: "¡LO INTENTÉ! ¡AUN TRATO DE NO SERLO! ¡ESTOY – TRATANDO – DE – NO – SERLO!".

Nos quedamos allí, como prisioneros, en el cuarto de huéspedes.[2]

La experiencia con su iglesia durante este tiempo fue hiriente. Relata:

Odiar el pecado y amar al pecador suena muy bien si te encuentras en el final amoroso de la ecuación; pero si estás del lado del pecador, se siente deshumanizante y condescendiente, o por lo menos así lo sentí yo. De pronto, mi hijo era el paria atascado en un estado perpetuo de pecado, condenado al infierno…
Estaba en mi propio infierno privado; indudablemente, el desaliento crecía dentro de mí como un cáncer. Estaba dividida entre mi amor por mi hijo y esta idea de que él estaba en contra de todo lo santo. ¿Cómo podía aceptar algo sobre él que la iglesia, amigos y amigas, y mi familia hallaban moralmente réprobo? Sabía que no quería alienar a Parker y, si no podía cambiarlo, estaba desesperada por encontrar un modo de entenderlo y aceptarlo, e incluso más desesperada por resolver el conflicto espiritual en mi mente…
Por las noches, le suplicaba a Dios por una respuesta. Estaba harta y cansada de la confusión que tenía entre la gracia de Dios y el mensaje de condenación de la iglesia ¿LA SANGRE DE JESUCRISTO LO CUBRE, O NO?
Oraba: "Dímelo fuerte y claro, Dios… ¡SI ES VERDAD QUE PARKER IRÁ AL INFIERNO POR SER GAY, ENTONCES DEBO LEVANTARME Y LUCHAR POR ÉL COMO SI MI CABELLO ESTUVIESE EN LLAMAS! Y, SI NO… ENTONCES… Bueno… Si no… Tengo que resolver lo del infierno".[3]

En determinado momento, cuando su hijo se iba a casar, se desmoronó con una abrumadora sensación de pánico. Se encontró en su cuarto de lavado en una conversación con Dios:

> YO: Dios, no creo que pueda manejar esto.
> DIOS: Mujer, sí que puedes.
> YO: ¿Qué hago?
> DIOS: Celebra a Parker.
> YO: ¿Cómo?
> DIOS: Ama lo que él ama.[4]

Así que, en 2015, asistió a un desfile del orgullo, usando un pin que rezaba "Abrazos de mamá gratuitos". Sara cuenta: "A cada persona que hacía contacto visual conmigo, le decía: '¿Te puedo ofrecer un abrazo de mamá gratuito o un choque de manos?'. Y volví a casa cubierta de glitter".[5] A partir de este pequeño acto, empezó a asistir a bodas como "mamá sustituta" cuando los padres de las personas LGBTQ se negaban a ir a la boda de sus propios hijos. Desde entonces, fundó una organización sin fines de lucro llamada *Free Mom Hugs*, que ofrece aceptación y apoyo para miembros de la comunidad LGBTQ, muchos de los cuales han sido rechazados y expulsados de sus propios hogares o familias.

Sara luchó. Luchó con la verdad. Luchó contra el juicio y la condenación. Si bien ella peleaba contra el hecho de que su hijo fuera gay, lo veo como algo representativo de cómo respondemos cuando sentimos que alguien no se comporta bajo los "estándares de Dios". Para nosotros, los padres y las madres, nuestros hijos e hijas tomarán muchas decisiones que sentimos que no son lo mejor para ellos. Podemos llegar a considerar que algunas cosas que hacen son "pecaminosas" según nuestras creencias. Sin embargo, nuestro rol no es ir detrás de las creencias. Toda la Ley y los Profetas no dependen de denunciar los pecados de la gente en nombre de la defensa de la verdad. Jesús no lo dice en ningún lado. Toda la Ley y los Profetas dependen de amar a Dios y a nuestro prójimo como a nosotros mismos (Mateo 22:40). ¿Y quién es mi prójimo?

DE MANERA ABRUMADORA, LA BIBLIA SOSTIENE LA IDEA DE QUE DECIMOS LA VERDAD A TRAVÉS DE NUESTRO AMOR. SI QUEREMOS SEGUIR A JESUS, EL AMOR DEBERA SER NUESTRO GUIA.

Algunos podrán decir que este nivel de aceptación por las personas es moderno, un modo de ceder ante la cultura contemporánea. Pero yo estoy en consonancia con San Ignacio Brianchaninov, un monje ortodoxo del siglo XIX, que dijo: "Hagas lo que hagas, de ninguna manera condenes a nadie; ni siquiera trates de juzgar si una persona es buena o mala, sino mantén tus ojos en esa persona mala por la que tú debes dar cuenta a Dios".[6]

Si nuestra respuesta a la historia de Sara es "Está bien, pero ¿no debemos defender la verdad?", entonces quizás todavía somos esclavos del ídolo de la verdad. De manera abrumadora la Biblia sostiene la idea de que decimos la verdad *a través* de nuestro amor. Si queremos seguir a Jesús, el amor deberá ser nuestro guía. Sé que es arriesgado, ¿pero quién dijo que el cristianismo era seguro? El amor siempre es riesgoso. Incluso si luchamos para independizarnos de las creencias que solo están en nuestra mente para hacernos sentir buenos cristianos, todavía tendremos que lidiar, probablemente por el resto de nuestras vidas, con el amor.

COUP CLUTZ CLOWNS

Ha habido mucha cobertura mediática sobre el ascenso de supremacistas blancos y otros grupos racistas. En 2017, una manifestación de "Unite the Right", en Charlottesville, Virginia, se puso violenta, cuando James Alex Fields Jr. embistió deliberadamente con su coche a una multitud de manifestantes. En el hecho, veintiocho personas resultaron heridas y una murió. En realidad, miles se habían presentado para protestar en contra de la manifestación, que en realidad solo tenía entre veinte y treinta participantes originales.

Una de mis historias favoritas de tratar a los enemigos con amor proviene de otra manifestación del supremacismo blanco que tuvo lugar en un parque en el centro de Knoxville, Tennessee, el 26 de mayo de 2007. Tal y como en Charlottesville, esta manifestación atrajo a treinta militantes y como a sesenta personas que querían protestar contra la manifestación. En vez de ponerse violentos, estos protestantes usaron una táctica diferente. Se presentaron como *Coup Clutz Clowns*, una tropa de payasos que marcharon hacia la manifestación sobre zancos y monociclos, llenos de maquillaje, pelucas coloridas y narices rojas. Fingían estar a favor de la manifestación, pero cantaban mal "Poder blanco".

Primero, creyeron que las personas cantaban "Harina blanca", así que procedieron a sacar bolsas de harina y, divertidos, se arrojaban puñados de harina unos a otros. La atención rápidamente viró de la manifestación al maravilloso espectáculo de estos payasos. Luego, uno de los payasos advirtió que se habían equivocado, y sugirió que en realidad estaban cantando "Flores blancas", así que empezaron a cantar "Flores blancas" mientras correteaban para darles a todos los que encontraban una flor blanca.

Y así siguió: de "Flores blancas" a "Ducha blanca" y terminó con otro grupo de payasos con vestidos de novia, gritando

"Poder de Esposa".ª El espectáculo disrumpió la manifestación y reenfocó la atención hacia la diversión, la conexión y el amor.[7] Fue tan impactante, que alguien escribió la historia en un libro para niños, titulado *White Flour*. El autor, David LaMotte, también escribió un poema sobre la experiencia, que termina con estas palabras:

> *¿Y cuál sería la lección de aquel brillante*
> *día sureño?*
> *¿Podemos entender el mensaje que pretendían*
> *transmitir los payasos?*
> *Parece que cuando luchas contra el odio, ¡no es odio*
> *lo que debes usar!*
> *De modo que celebremos por los que marchan con sus*
> *enormes zapatos*
> *rojos.*[8]

Esta historia me gusta por muchas razones, pero puede que la principal no sea obvia. Es que el amor conlleva trabajo. Responder al odio con odio es fácil. Pero buscar modos de amar a los oprimidos y marginados sin recurrir al odio al opresor es más difícil de lo que podrías imaginarte. Requiere planeamiento, propósito, comprar cosas, presentarse. Estos payasos mostraron cómo, parafraseando la famosa cita del Dr. Martin Luther King, expulsar a las tinieblas con luz y al odio con amor.[9] O, como tuiteó una vez Tim Keller, "La tolerancia no se trata de no creer en nada. Se trata de cómo tus creencias guían la manera en que tratas a las personas que no están de acuerdo contigo".[10]

El amor verdadero se trata de cómo tratamos a las personas que no están de acuerdo con nosotros y nosotras. Nuestro

---

a. El canto racista original es "White Power" ("poder blanco"). Las variantes de los payasos contramanifestantes que fingían no entender la consigna variaron entre "White flour" (harina blanca), "White flowers" (flores blancas), "White shower" (ducha blanca) y "Wife Power" (poder de esposa). (N. del E.).

amor empieza a sucumbir cuando convertimos a la verdad en un ídolo y lo usamos para esconder nuestro desdén por nuestros enemigos, por aquellos con quienes no estamos de acuerdo, por aquellos que no son como nosotros. Como dice Jesús en el sermón de la montaña:

> Ustedes han oído que se dijo: "Ama a tu prójimo y odia a tu enemigo". Pero yo les digo: Amen a sus enemigos y oren por quienes los persiguen, para que sean hijos de su Padre que está en el cielo. Él hace que salga el sol sobre malos y buenos, y que llueva sobre justos e injustos. Si ustedes aman solamente a quienes los aman, ¿qué recompensa recibirán? ¿Acaso no hacen eso hasta los recaudadores de impuestos? Y, si saludan a sus hermanos solamente, ¿qué de más hacen ustedes? ¿Acaso no hacen esto hasta los gentiles? Por tanto, sean perfectos, así como su Padre celestial es perfecto.
>
> *Mateo 5:43–47*

Desde la perspectiva de Dios, desde la perspectiva del amor, nadie que te vea debería notar la diferencia entre tu prójimo y tu enemigo. Jesús no dice que Dios hace llover sobre las personas buenas pero no sobre las malas porque "no condona su estilo de vida". No dice que Dios no hace salir el sol sobre quienes tomaron malas decisiones para que, ojalá, se arrepientan.

"Imposible", podrías decir. "Quiero decir, en serio ¿Qué pensaría la gente de la iglesia si se concibiera a Dios como misericordioso y generoso con las personas que viven abiertamente en pecado?". Eso no es lo que dice este pasaje. Dice que no hay un cálculo especial divino a través del cual distribuir nuestra compasión, presencia, aceptación y amor en función de qué tan bien coincide la vida de alguien con lo que creemos que son estándares piadosos. No, Jesús dice que los seguidores de Dios aman indiscriminadamente. Retener amor para demostrarle a alguien que lo amas, literalmente no tiene sentido en el reino de Dios.

Eso es a lo que me refiero cuando digo que el amor es más importante. Me refiero a que, cuando se trata de amar, lo que crees *no importa*. No necesito saber en qué crees o cómo vives tu vida para saber que mi responsabilidad como seguidor de Jesús es amarte de tal forma que otros no sabrían si eres uno de "los míos" o "mi enemigo". Cuando Dios está involucrado, el límite entre "nosotros" y "ellos" se vuelve borroso, porque cuando el amor es más importante, las líneas que trazamos se borran.

Otra cosa que no veo hacer a Dios es asegurarse de que sepamos todos los lugares donde somos insuficientes antes de mandar la lluvia o hacer salir el sol. Los regalos de Dios nos son dados indiscriminadamente y sin esperar nada a cambio. Eso es lo escandaloso del retrato que Jesús pinta de Dios. Vivir una vida de amor que sigue el patrón de Jesús, vivir una vida de verdad, no se trata de contarles a los demás nuestras opiniones sobre sus elecciones sino de volvernos "hijos e hijas de nuestro Padre que está en los cielos", que no le anda refregando sus opiniones a la gente, sino que, más bien, hace salir el sol sobre malos y buenos, y manda la lluvia sobre justos e injustos.

Cuando la verdad es nuestro ídolo, queremos estar seguros de lo que creemos para garantizarnos tener la razón y estar del lado correcto. Pero, cuando el amor es más importante, queremos saber qué creemos para asegurarnos de estar amando a las personas, lo cual borra las líneas divisorias. Como escribe nuestro amigo Søren Kierkegaard:

> La tarea no es encontrar un objeto digno de ser amado, sino considerar al objeto frente a ti como digno de ser amado [...] y ser capaz de continuar conside-

rándolo como tal, sin importar cuanto cambie esa persona...

Nosotros los idiotas a menudo pensamos que cuando una persona ha cambiado para peor, quedamos exentos de amarla... Si así es como ves a la persona, entonces, en realidad, no la estás viendo; solo ves indignidad, imperfección, y admites de ese modo que, cuando la amabas, *realmente no veías a la persona*, sino su excelencia y perfección. El amor verdadero se trata de amar a la misma persona que ves. El énfasis no está en amar las perfecciones, sino en amar a la *persona* que ves, sin importar las perfecciones o imperfecciones que posea.[11]

REINCIDIR EN EL AMOR

Cuando era pastor, empecé a tener dudas sobre la lista de cosas que creía sobre Dios. Pase de ser alguien que "defendía sus creencias" a alguien que la mayoría de las veces se encogía de hombros y decía: "No sé, es una gran pregunta". Fue un tiempo difícil en mi matrimonio. Recuerdo claramente una conversación que tuvimos con mi esposa, en la que ella expresó sus preocupaciones.

Estábamos sentados en la sala de nuestro pequeño apartamento, con nuestros pequeñines durmiendo arriba, cuando dijo: "¿Qué ha estado pasando contigo? Solías ser tan apasionado por Dios, la Biblia y tus creencias. Solías defender la verdad, y ahora pareces tan endeble".

Esto me impactó. Me estaba diciendo lo mismo que siempre se les dijo, a lo largo de mi vida, a los que antes llamábamos cristianos "descarriados", que estaban comenzando a ser atraídos por las comodidades y la indolencia de la cultura. No solo eso, sino que me dijo que, cuando nos casamos, había dos cosas importantes que le atraían de mí: mi fe y mi confianza. Ahora, parecía que ambas estaban en peligro.

Aquella noche no pude responderle. Pero, unas noches después, lo hice. Todavía recuerdo lo que dije, casi palabra por palabra, porque inició un viaje que me ha llevado a este mismísimo momento, a escribir este párrafo:

> Quiero que sepas que todavía soy yo. Nunca estuve más apasionado por Dios y la Biblia de lo que estoy ahora. Pero tienes razón, ya no estoy interesado en defender la verdad. Estoy interesado en defender el amor y a las personas. Mi amor por la Biblia me trajo hasta aquí. No creo estar cediendo ante el mundo, más bien estoy siguiendo lo que hallo en la Biblia.

En el plazo de un año, había dejado mi trabajo como pastor y empezado este largo y extraño camino. Ha sido un viaje lejos de colgar mi fe en la certeza de mis creencias sobre Dios y una travesía hacia confiar en el amor Divino y explorar cuál es la mejor manera de transmitir ese amor a las demás personas.

AGRADECIMIENTOS

Estoy increíblemente agradecido a quienes me apoyaron para que escribiera este libro. Hubo muchas cosas que tuvieron que encajar en su lugar para hacerlo posible, y cada una requirió el tiempo y la energía de otras personas. Gracias por dejar que me apoyara en ustedes.

Peter Enns: tu invitación a ser coautor de Génesis para gente normal, en 2012, inició una sociedad maravillosa que cambió la trayectoria de mi vida. Has sido un buen amigo, un mentor benevolente en el mundo de la escritura, y un dolor hiperanalítico en el cuello. Sin ti, este libro es imposible en el más concreto de los sentidos.

Sarah: tu apoyo lo es todo. Cuando forcejeo entre mi pasión por ayudar a otras personas y el tiempo que puede llevarse de nuestra familia, siempre estás allí para recordarme que estamos juntos en esto y que lo hacemos como un equipo. Tu amor me libera y me hace responsable, y te agradezco por las dos cosas.

Salford Mennonite Church: nuestro viaje familiar con la iglesia ha sido agridulce. Justo cuando estábamos listos para darnos por vencidos, los encontramos. Son un grupo de personas imperfectas tambaleándose en pos de amarse unas a otros, construido sobre trescientos años de tradición. Gracias por mostrarme cómo puede ser una comunidad y por darme esperanzas sobre el futuro de la iglesia. Gracias a Foundations, la escuela dominical de la que tengo el honor de ser el facilitador; gracias por su paciencia mientras probé algunas de estas ideas con ustedes en los últimos años.

Las mujeres de mi familia (mi mamá, Charissa, tía Carolyn, tía Barb): todas ustedes tienen lo que los doctores llaman "personalidad fuerte". Aun así, no dejan que sus opiniones fuertes se metan en el camino de sus relaciones. Están cuando los demás las necesitan. Cuando es para algo importante y, cuando no lo es, también. Ustedes me mostraron cómo se ve el amor en los pequeños rincones y en los recovecos de la vida. Han sido mi sección de animadoras más alentadora, y hago mucho de lo que hago para que se sientan orgullosas.

El equipo de *The Bible for Normal People* (Reed, Shay y Megan): siempre me da náuseas la autopromoción, pero ustedes han sido de gran ayuda y apoyo para difundir el mensaje de este libro. Creo profundamente en ello, por lo que ver que su respaldo es edificante y fortalece mi confianza.

El equipo de Zondervan: desde el principio, he sido sincero acerca de la necesidad de que me sujeten de la mano durante el proceso de publicación, y lo han cumplido. Un agradecimiento especial a Andy por estar disponible y ser tan amable, a Dirk y a Bridgette. ¡Todos y todas ustedes obtienen una estrella de oro!

NOTAS

CAPÍTULO 1: SOLO DIOS SABE QUE ES UN ELEFANTE

1. Ver entrada de Wikipedia, "Blind Men and an Elephant", https://en.wikipedia.org/wiki/Blind_men_and_an_elephant ["Los ciegos y el elefante": https://es.wikipedia.org/wiki/Los_ciegos_y_el_elefante].

2. Ver Dana Ford, "What Color Is This Dress?" *CNN*, 27 de febrero del 2015, www.cnn.com/2015/02/26/us/blue-black-white-gold-dress/index.html.

3. Ver Amanda Jackson, "Laurel or Yanny? What Science Has to Say", *CNN*, 16 de mayo del 2018, www.cnn.com/2018/05/15/health/yanny-laurel-audio-social-media-trnd/index.html.

4. Juvenal, *Juvenal and Persius*, trans. George Gilbert Ramsay (New York: Putnam's Sons, 1918), 97, https://archive.org/details/juvenalpersiuswi00juveuoft/page/96 [*Sátiras de Juvenal y Persio*, trad. Francisco Díaz Carmona, 1892].

5. Ver entrada de Wikipedia, "Black Swan Emblems and Popular Culture", https://en.wikipedia.org/wiki/Black swan_emblems_and_popular_culture.

6. De hecho, el estadístico Nassim Nicholas Taleb publicó un libro titulado *The Black Swan: The Impact of the Highly Improbable* (New York: Random House, 2007) para mostrar cuán poco sabemos y cómo las metodologías científicas están mal equipadas para predecir estos eventos raros y altamente disruptivos en la historia, la ciencia, las finanzas y la tecnología.

7. Brand Blanshard, *The Nature of Thought* (London: Allen & Unwin, 1939), 2:269.

CAPÍTULO 2: LA VERDAD ESTÁ EXPLOTADA Y MAL REMUNERADA

1. Richard Rorty, *Consequences of Pragmatism: Essays, 19721980* (Minneapolis: University of Minnesota Press, 1982), 16667, itálicas originales.

2. En referencia a cuan a menudo uno suele estropear el primer panqueque, y que gracias a eso nos damos cuenta de qué hicimos mal (por ejemplo, la mezcla necesita más harina; la sartén está muy caliente, etc).

3. Simon Blackburn, *On Truth* (New York: Oxford University Press, 2018), 34.

4. "The Word of the Year: 'Truthiness'", *CBS News*, 8 de diciembre de 2006, www.cbsnews.com/news/the-word-of-the-year-truthiness.

5. Oscar Wilde, *The Importance of Being Earnest* (1899; repr., New York: Dover, 2012), 6. [*La importancia de llamarse Ernesto*, Buenos Aires: AGEBE, 2006]

6. Citada en la entrevista "Kellyanne Conway: Press Secretary Sean Spicer Gave 'Alternative Facts'", *Meet the Press: NBC News*, 22 de enero de 2017, www.youtube.com/watch?v=VSrEEDQgFc8.

7. "Scientific Consensus: Earth's Climate Is Warming", NASA, https://climate.nasa.gov/scientificconsensus.

8. Ver Max Rappaport, "The Definitive History of 'Trust the Process'", *Bleacher Report*, 23 de agosto de 2017, https://bleacherreport.com/articles/2729018-the-definitive-history-of-trust-the-process.

9. Ver Max Roser, "Life Expectancy" (2019), https://ourworldindata.org/life-expectancy.

10. Jonathan Sacks, *The Great Partnership: Science, Religion, and the Search for Meaning* (New York: Schocken, 2011), 2, 6, italicas originales.

11. Hablando de la verdad, se ha debatido sobre si fue Gainman o Chesterton el autor de la cita. Gaiman despejó las dudas en su blog hace algunos años ("El sentimiento es suyo. El fraseo es mío"), http://neil-gaiman.tumblr.com/post/42909304300/my-moms-a-librarian-and-planning-to-put-literary.

12. Para los más *nerds* entre nosotros, ver Dmitry Leontiev, "Three Facets of Meaning," *Journal of Russian and East European Psychology* 43, no. 6 (noviembrediciembre de 2005): 45-72.

13. Si quieres adentrarte en el hoyo del conejo y estás preparado para echarle una mirada filosófica sofisticada a la idea de "construcción social", lee *The Social Construction of What?*, de Ian Hacking (Cambridge, MA: Harvard University Press, 1999).

14. Agustín, *On Christian Doctrine, in Four Books*, Christian Classics Ethereal Library, 2.18.28, https://ccel.org/ccel /augustine/doctrine/doctrine.xix_1.html.

15. Para los curiosos, aclaremos mi ascendencia: mi bisabuela materna era cien por ciento choctaw, mi abuela era mayormente choctaw, con un poco de creek, y mi papá era un tipo cien por ciento blanco de Texas. Mis parientes mexicanos a los que me referí son mis primos. Mi tío se casó con una mujer mexicana. Bueno, ¡un gusto aclararlo!

16. "The Fox and the Grapes", en *The Aesop for Children* (Chicago: Rand McNally, 1919), 20.

17. "Foxes Eat Grapes", *Portland Guardian*, 5 de marzo de 1934, https://trove.nla.gov.au/newspaper/article/64285098.

18. Jon Elster, *Sour Grapes: Studies in the Subversion of Rationality* (Cambridge: Cambridge University Press, 1983), 110-42.

19. Philostratus, *Life of Apollonius of Tyana*, libro 5:14, www.livius.org/sources/content/philostratus-life-of-apollonius/philostratus-life-of-apollonius-5.1115.

20. Para más de este modo de leer la Biblia, ver el libro de mi buen amigo Peter Enns, *How the Bible Actually Works* (New York: HarperOne, 2019).

21. Ver Elizabeth Dias, ed., *What Did Jesus Ask? Christian Leaders Reflect on His Questions of Faith* (New York: Time Books, 2015).

22. Søren Kierkegaard, *Journals and Papers*, ed. y trans. Howard V. Hong y Edna H. Hong (Princeton, NJ: Princeton University Press, 1967–1978), 3:404.

23. bell hooks, *All about Love: New Visions* (New York: HarperPerennial, 2000), 4.

24. bell hooks, *All about Love*, 5.

25. Cynthia Bourgeault, *The Wisdom Jesus: Transforming Heart and Mind—A New Perspective on Christ and His Message* (Boston: Shambhala, 2008), 26.

26. "En Jesús, todo pende alrededor de un solo centro de gravedad, y necesitas saber qué es este centro antes de ser capaz de percibir el poder sutil pero cohesivo del camino que está desplegando. ¿Qué nombre le podemos poner a este centro? El apóstol Pablo sugiere la palabra *kenosis*. El verbo griego para kenosis quiere decir "dejar ir", o "vaciarse de uno mismo" (Bourgeault, *The Wisdom Jesus*, 63).

CAPÍTULO 3: CUIDADO CON ENAMORARSE DE LAS VACAS

1. Ver U.S., la página del Department of Education's STEM en www.ed.gov/stem.

2. Rodney C. Adkins, "America Desperately Needs More STEM Students. Here's How to Get Them," Forbes, 9 de julio de 2012, www.forbes.com/sites/forbesleadershipforum/2012/07/09/america-desperately-needs-more-stem-students-heres-how-to-get-them.

3. Los más *nerds*, chequeen como se calculó esto en www.forbes.com/sites/michaelnoer/2012/04/23/how-much-is-a-dragon-worth-revisited.

4. Técnicamente, es "seeeeeentiiiiiimiiiiieeeentoooooos". Aparentemente, no les gustan los sentimientos.

5. Más adelante, también hablaremos de cómo se puede sacar ventaja de esto. Así como "hablar la verdad en amor" puede ser usado como un arma, lo mismo sucede con la gracia ilimitada. No abogo por ser un felpudo para el abuso y llamarlo amor.

6. Carl Rogers, *On Becoming a Person: A Therapist's View of Psychotherapy* (New York: Houghton Mifflin, 1961), 17.

7. Por cierto, el rey Jeroboam hace lo mismo unos cientos de años después en el intento de no perder la lealtad del pueblo frente a su rival del sur, el rey Roboam (ver 1 Reyes 12:2829).

CAPÍTULO 4: LA VERDAD SIN AMOR NO ES VERDAD

1. R. Huna, citado en el Talmud Babilonico, 'Abodah Zarah 17b, http://come-and-hear.com/zarah/zarah_17.html.

2. Un aplauso para todos ustedes, los fanáticos de DC Talk, que captaron esta referencia.

3. Ver John D. Harden y Marisa Iati, "How President Obama Politicized the Use of 'Thoughts and Prayers' after Mass Shootings," 20 de abril de 2019, www.washingtonpost.com/religion/how-president-obama-politicized-thoughts-and-prayers-af-

ter-mass-shootings/2019/04/19/2895d7b6-5d5c-11e9-a00e-050dc7b82693_story.html.

4. Sarah Faidell and Bex Wright, "New Zealand's Parliament Voted 119–1 to Change Its Gun Laws, Less Than a Month after Mass Shooting", 10 de abril de 2019, www.cnn.com/2019/04/10/asia/new-zealand-gun-law-reform-intl/index.html.

5. Søren Kierkegaard, *Provocations: Spiritual Writings of Kierkegaard*, ed. Charles E. Moore (Farmington, PA: Bruderhof Foundation, Inc., 2002), 66, itálicas originales, reimpreso desde www.bruderhof.com. Usado con permiso.

6. Søren Kierkgaard, *Practice in Christianity*, vol. 20 de *Kierkegaard's Writings*, ed. Howard V. Hong y Edna H. Hong (Princeton, NJ: Princeton University Press, 2013), 205.

7. Søren Kierkegaard, *The Concept of Anxiety*, ed. Alistair Hannay (New York: Liveright, 2014), 166–67.

8. Ver, por ejemplo, 2 Timoteo 2:15–18 y 2 Tesalonicenses 2:10–13.

9. Incluso si interpretas que 2 Timoteo 3:16 se refiere a la Biblia en general, habla de la utilidad de la Biblia. Muchos leen en la frase "inspirada por Dios" la suposición de que necesitamos defender la exactitud de la Biblia. Pero es importante reconocer que esta sería una interpretación, no una conclusión que se desprende de manera transparente de esa frase.

10. Si algún día estás aburrido, fíjate también en Génesis 24:49; 32:10; 47:29; Éxodo 34:6; 2 Crónica 31:20; 32:1; Nehemías 7:2; Salmos 25:10; 26:3; 30:9; Proverbios 3:3; Isaías 16:5.

11. Ver Génesis 42:16; Proverbios 12:19; 1 Juan 2:4.

12. Ver también Deuteronomio 13:14; 17:4; 22:20; 2 Crónicas 9:5; Zacarías 8:16.

13. bell hooks, *All about Love: New Visions* (New York: HarperPerennial, 2000), 45.

CAPÍTULO 5: SI NO TE LIBERA, NO ES VERDAD

1. Maya Angelou, "Love Liberates", originalmente transmitido en *Oprah's Master Class* y transcrito de la versión de podcast de la entrevista que se encuentra aquí: https://player.fm/series/oprahs-master-class-the-podcast/dr-maya-angelou.

2. Thich Nhat Hanh, *True Love: A Practice for Awakening the Heart*, trans. Sherab Chödzin Kohn (Boston: Shambhala, 2006), 4.

3. Søren Kierkegaard, *Works of Love: Some Christian Reflections in the Form of Discourses*, ed. Howard V. Hong and Edna H. Hong (Princeton, NJ: Princeton University Press, 1995), 217.

4. Desearía tener ejemplos más sofisticados para darte, pero si esperas algo más que ilustraciones de películas de Disney cuando lees un libro escrito por alguien con cuatro hijos todavía menores de doce años, eso corre por tu cuenta.

5. *Tangled*, dirigida por Nathan Greno y Byron Howard (2010; Burbank, CA: Walt Disney Pictures, 2011), DVD.

CAPÍTULO 6: LA IMPORTANCIA DE TRANSFORMAR EL LINO EN MANTEL

1. Citado en Aaron Milavec, *Salvation Is from the Jews: Saving Grace in Judaism and Messianic Hope in Christianity* (Collegeville, MN: Liturgical, 2007), 39–40.

2. Karin Hedner Zetterholm, *Jewish Interpretation of the Bible: Ancient and Contemporary* (Minneapolis: Fortress, 2012), 6.

3. Algo a considerar: en general, las personas que te venden que "la Biblia solo puede significar una sola cosa" lo único que te están ofreciendo es *su* modo de leer la Biblia y la razón por la que debes estar de acuerdo con *ellos*.

4. Ver Martin B. Copenhaver, *Jesus Is the Question: The 307 Questions Jesus Asked and the 3 He Answered* (Nashville: Abingdon, 2014), xviii.

5. John D. Caputo, *What Would Jesus Deconstruct? The Good News of Postmodernity for the Church* (Grand Rapids: Baker Academic, 2007), 83.

6. El hecho de que es muy probable que el profeta Jonás histórico no haya sido tragado por un pez gigante, sobre todo si consideramos que el autor no intenta decir que es una narración histórica, no quita la profunda verdad de que si el amor puede cambiar la opinión de Dios sobre las personas, también debe cambiar la nuestra.

CAPÍTULO 7: EL AMOR CAMBIA LA VERDAD

1. Para una muestra de los argumentos hechos a lo largo de mi vida, lee este artículo de los bautistas del sur, de 1998: Richard R. Melick Jr., "Women Pastors: What Does the Bible Teach?" *SBC Life*, 1 de mayo de 1998, www.sbclife.net/article/329/women-pastors-what-does-the-bible-teach.

2. Ver "U.S. Sees Dramatic Growth in Clergywomen over Two Decades", Religion News Service, 9 de octubre de 2018, https://religionnews.com/2018/10/09/u-s-sees-dramatic-growth-in-clergywomen-over-two-decades.

3. Ver "Report Details Trends for U.S. Women Clergy", *Christian Century*, 30 de octubre de 2018, www.christiancentury.org/article/news/report-details-trends-us-women-clergy.

4. Ver "Statistics on Women in Ministry," Evangelical Alliance, 2 de julio de 2012, www.eauk.org/church/research-and-statistics/women-in-ministry.cfm.

5. Ver Caryle Murphy, "Most U.S. Christian Groups Grow More Accepting of Homosexuality", Pew Research Center, 18 de diciembre del 2015, www.pewresearch.org/fact-tank/2015/12/18/most-u-s-christian-groups-grow-more-accepting-of-homosexuality.

6. Ver "Majority of Public Favors Same-Sex Marriage, but Divisions Persist", Pew Research Center, 14 de mayo del 2019, www.people-press.org/2019/05/14/majority-of-public-favors-same-sex-marriage-but-divisions-persist.

7. Lee, por ejemplo, Levítico 11.

8. Ver, por ejemplo, Simon LeVay, *Gay, Straight, and the Reason Why: The Science of Sexual Orientation* (Oxford: Oxford University Press); todos los estudios hacen referencia a "Homosexuality and Psychology", entrada de Wikipedia (https://en.wikipedia.org/wiki/Homosexuality_and_psychology); e incluso los episodios del podcast *The Bible for Normal People*, con invitados como Megan DeFranza, Austen Hartke y Matthew Vines.

9. Lewis Carroll, *Through the Looking-Glass* (London: Macmillan, 1872), 124.

10. Hans-Georg Gadamer, *The Relevance of the Beautiful and Other Essays*, ed. Robert Bernasconi (Cambridge: Cambridge University Press, 1986), 132.

11. Joseph K. Gordon, *Divine Scripture in Human Understanding: A Systematic Theology of the Christian Bible* (Notre Dame, IN: University of Notre Dame Press, 2019), 263.

12. Citado en "Great Quotes", *World Jazz Scene*, http://worldjazzscene.com/wordpress/great-quotes.

13. Ve el episodio ("Interview with Jon D. Levenson: Resurrection in the Hebrew Bible") en: https://peteenns.com/bfnp-podcast-episode-21-resurrection-hebrew-bible-jon-d-levenson.

14. Augustine, *On Christian Doctrine, in Four Books*, Christian Classics Ethereal Library, 1.36.40, www.ccel.org/ccel/augustine/doctrine.xxxvi.html.

15. John Craigie, "Dissect the Bird", del álbum *Opening for Steinbeck (Live)*, 16 de marzo del 2018.

16. Para más información, visita el sitio web de Pennsylvania Hospital: www.uphs.upenn.edu/paharc/tour/tour5.html.

17. Walter Brueggemann, *Texts under Negotiation: The Bible and Postmodern Imagination* (Minneapolis: Fortress, 1993), 61–62, itálicas originales.

CAPÍTULO 8: HABLAR LA VERDAD EN AMOR

1. "2019 Special Session of the General Conference, the United Methodist Church: Morning Session 2", 26 de febrero de 1019, video de YouTube, 48:16, www.youtube.com/watch?v=_22cw_A2DOg.

2. Hayim Nahman Bialik y Yehoshua Hana Ravnitzky, eds., *The Book of Legends, Sefer Ha-Haggadah: Legends from the Talmud and Midrash* (New York: Schocken, 1992), 208.

3. Bruce Drake y Jocelyn Kiley, "Americans Say the Nation's Political Debate Has Grown More Toxic and 'Heated' Rhetoric Could Lead to Violence", Pew Research Center, 18 de julio de 2019, www.pewresearch.org/fact-tank/2019/07/18/americans-say-the-nations-political-debate-has-grown-more-toxic-and-heated-rhetoric-could-lead-to-violence.

4. Para aprender más o involucrarte, ver "Civil Conversations Project", *On Being*, https://onbeing.org/civil-conversations-project. Además, considera el grupo *Better Angels*, que también está desarrollando un currículo sobre cómo hablar a través de la división política de una manera en que el amor importe más (ver "Talking across the Political Divide", *Better Angels*, 13 de noviembre de 2018, www.better-angels.org/talking-across-the-political-divide).

5. Para una descripción de estas virtudes, ver "The Grounding Virtues of the On Being Project", https://onbeing.org/civil-conversations-project/the-six-grounding-virtues-of-the-on-being-project.

6. Ver, por ejemplo, Romanos 12; 1 Corintios 1; 12–13; Gálatas 3; Efesios 14; Filipenses 2; Colosenses 3.

CAPÍTULO 9: DAR NUESTRA OPINIÓN EN AMOR

1. Kerry Patterson, Joseph Grenny, Ron McMillan, y Al Switzler, *Crucial Conversations: Tools for Talking When Stakes Are High*, 2nd ed. (New York: McGraw-Hill, 2012), 22.

2. Algunas están adaptadas de Patterson *et al.*, *Crucial Conversations*.

3. John Calvin, *Institutes of the Christian Religion,* ed. John T. McNeill (Philadelphia: Westminster, 1960), 1.12.

4. Søren Kierkegaard, *Provocations: Spiritual Writings of Kierkegaard*, ed. Charles E. Moore (Farmington, PA: Bruderhof Foundation, Inc., 2002), 302, reimpreso por www.bruderhof.com. Usado con permiso.

CAPÍTULO 10: UNA FE MÁS AUTÉNTICA

1. Nuevamente, si alguna vez estás aburrido, chequea 6:2, 5, 16; 7:5; 15:7; 22:18; 23:13, 15, 23, 25, 27, 29; 24:51.

2. Richard Rohr, *Breathing Under Water: Spirituality and the Twelve Steps* (Cincinnati, OH: Saint Anthony Messenger, 2011), 30.

3. Por cierto, el amor verdadero es el espacio donde se hace esa pregunta y se permite responderla sin juicios, sin expectativas, sin prisas.

CAPÍTULO 11: EL AMOR ES MÁS IMPORTANTE

1. "Kenyan Muslim Who Shielded Christians in al-Shabab Attack Dies", *BBC News*, 19 de febrero de 2016, www.bbc.com/news/world-africa-35352763. Para la historia original del ataque, ver "Kenyan Muslims Shield Christians in Mandera Bus Attack", *BBC News*, 21 de diciembre 2015, www.bbc.com/news/world-africa-35151967.

2. Sara Cunningham, *How We Sleep at Night: A Mother's Memoir* (North Charleston, SC: CreateSpace, 2014), 2021.

3. Cunningham, *How We Sleep at Night*, 53, 57, 5960.

4. Cunningham, *How We Sleep at Night*, 81.

5. Ariel Goronja, "Sara Cunningham: 5 Fast Facts You Need to Know", *Heavy*, 25 de julio de 2018, https://heavy.com /news/2018 /07/sara-cunningham.

6. St. Ignatius Brianchaninov, *The Arena: Guidelines for Spiritual and Monastic Life*, 2da ed. (Jordanville, NY: Holy Trinity, 2012), 53.

7. Ver Sarah Freeman-Wolpert, "Why Nazis Are So Afraid of These Clowns", *Waging Nonviolence*, 25 de agosto de 2017, https://wagingnonviolence.org/2017/08/nazis-afraid-clowns.

8. David LaMotte, "White Flour", www.whiteflourbook.com/poem.

9. Ver Martin Luther King Jr., *Where Do We Go from Here? Chaos or Community* (Boston: Beacon, 2010), 67.

10. Tim Keller, publicación de Twitter, 15 de julio de 2019, 11:09 a. m., https://twitter.com/timkellernyc/status/1150829633014784000.

11. Søren Kierkegaard, *Provocations: Spiritual Writings of Kierkegaard*, ed. Charles E. Moore (Farmington, PA: Bruderhof Foundation, Inc., 2002), 1078, itálicas originales, reimpreso por www.bruderhof.com. Usado con permiso.

En *2021* llega el nuevo libro de *Debbie Blue*

En *Español* e *Inglés* | Formato físico y digital

Otros textos / otra teología

www.ingramcontent.com/pod-product-compliance
Lightning Source LLC
Chambersburg PA
CBHW020526080526
44583CB00013B/758